Édition : Frédéric Baton
Correction : Pascale Braud
Maquette : Evelyne Nobre
Illustrations : Fotolia
et Aleksandra Odzioba (p. 22 et 33)
Design de couverture : Antartik

10, place des Cinq-Martyrs-du-Lycée-Buffon
75015 Paris – France
ISBN : 979-10-285-1488-4

Ariane Calvo

SAGESSE DES *chakras* AU FÉMININIT

Les 7 voies de la réalisation de soi

LEDUC.S PRATIQUE

Plus la tristesse évide l'intérieur de votre être,
plus vous pouvez contenir de la joie.
La coupe qui recueille votre vin,
n'est-elle pas celle qui fut cuite dans le four du potier ?
Et le luth qui apaise votre esprit
n'est-il pas du même bois qui fut travaillé au couteau ?

Khalil Gibran, *Le Prophète*

Sommaire

INTRODUCTION 7

PARTIE 1: LE FONCTIONNEMENT DES CHAKRAS ET LEUR APPORT AU QUOTIDIEN 15

Chapitre 1 – Les chakras, c'est quoi ? 17

Chapitre 2 – Pourquoi des dysfonctionnements ? 37

PARTIE 2 : COMMENT RÉÉQUILIBRER LES SEPT CHAKRAS PRINCIPAUX 47

Ma boîte à outils de renforcement des chakras 51

1. Le chakra racine {Je suis} 83

2. Le chakra sacré {Je sens} 99

3. Le chakra solaire {Je veux} 111

4. Le chakra du cœur {J'aime} 125

5. Le chakra de la gorge {Je communique} 137

6. Le chakra du front {Je vois} 151

7. Le chakra couronne {Je sais} 167

PARTIE 3 : DEVENIR FEMME ARC-EN-CIEL 179

CONCLUSION 221

REMERCIEMENTS 225

BIBLIOGRAPHIE 229

TABLE DES MATIÈRES 237

Introduction

L'étude des chakras est au cœur des médecines traditionnelles orientales. Invisibles et mystérieux, les chakras ont pourtant une importance fondamentale dans notre équilibre physique mais aussi psychique et émotionnel. Mon métier étant précisément l'accompagnement psycho-émotionnel de nombreuses femmes qui souhaitent que leur vie s'apaise et s'épanouisse, il m'est apparu fondamental de rédiger ce livre en rassemblant mes connaissances en psychologie humaniste et celles des chakras. J'ai donc souhaité vous transmettre le lien que je fais entre ces deux savoirs afin de démultiplier vos opportunités de réalisation personnelle. J'ai pensé cet ouvrage à la fois comme un manuel pratique expliquant les possibilités des sept chakras principaux, leur fonctionnement, leur aide au quotidien, et aussi comme un accompagnement à l'épanouissement. Cet ouvrage vous permettra de comprendre en quoi les chakras constituent une alerte fiable pour mieux répondre à vos besoins, une ressource essentielle et gratuite, pleine de possibilités de bien-être, sans cesse à votre portée et pourtant puissante. Tous ces éléments en font une aide inestimable dans le travail sur soi et rendent possible, grâce à une dynamique vertueuse entre ces deux sagesses, une vie féminine épanouie.

En tant que psychologue et psychothérapeute, je constate chaque jour à quel point la pratique d'une spiritualité et l'ouverture vers des connaissances interculturelles et anciennes sont une source opérationnelle de liberté et de savoir inestimables. Dès ma naissance au sein d'une famille dans laquelle coexistaient pacifiquement deux religions, j'ai été sensibilisée à la pratique spirituelle avec une ouverture de cœur et ce regard sur la vie si particulier qu'apportent la prière sincère et la foi envers une force absolument bienveillante et juste, dont la sagesse nous dépasse. J'ai épousé un homme qui pratique une religion encore différente. Et, depuis un premier voyage en Inde peu après l'obtention de mon diplôme de psychologue, ma recherche dans ce domaine ne s'est jamais arrêtée. Je dis souvent que je n'aurai jamais assez de toute une vie pour comprendre ce que l'Inde m'a apporté. Et je n'aurai jamais assez de plusieurs vies pour décrire tout ce que la psychothérapie m'a apporté tant ses enseignements auront été riches sur de multiples plans. Nous sommes collectivement en train de redécouvrir l'importance de notre corps, ses mémoires douloureuses, sa capacité d'autoguérison tout autant que notre part spirituelle, grâce à des pratiques individuelles de plus en plus respectueuses et bienveillantes, cherchant à nous améliorer et à pacifier le monde. Si le yoga, la pratique de la pleine conscience, les exercices de développement personnel et de relaxation sont devenus si populaires, se répandant comme une traînée de poudre lumineuse à travers la planète, c'est parce que notre corps et notre esprit ainsi que notre âme ou notre conscience entretiennent des relations étroites et indissociables les uns avec les autres que nous avons trop longtemps ignorées. En psychothérapie, aucun nouvel outil ne se dispense d'une prise de conscience du rôle du corps, des émotions et de la spiritualité dans la globalité de notre fonctionnement et de notre histoire. Même les professionnels du psychisme parlent souvent aujourd'hui du système corps-esprit pour qualifier le système humain inconscient de résolution des problèmes et d'adaptation aux évolutions.

Je me dois de présenter le personnage principal de cet ouvrage : la femme arc-en-ciel. C'est un élément clé et pourtant méconnu de la culture amérindienne. Sa description, dans les traditions orales d'Amérique du Nord, a des origines très anciennes. Il s'agit d'un archétype de la puissance du féminin. Elle peut apparaître en vision ou en rêve aux jeunes femmes qui s'initient aux rituels de guérison, souvent sous la forme d'une chamane puissante qui guide la communauté des femmes et sait allier l'intelligence à l'intuition pour comprendre les secrets du vivant. La femme arc-en-ciel recherche l'harmonie de ses vibrations et apporte un équilibre particulier dans la justesse de son identité et l'intuition de ce dont son univers a besoin. Elle est à la fois en paix avec elle-même et un véhicule de paix dans son environnement.

Avant même de connaître cette légende, ce concept m'a été inspiré lors d'une séance de psychothérapie durant laquelle la thérapeute qui m'accompagnait avait choisi d'utiliser un outil énergétique, sentant qu'un déséquilibre bloquait mon avancée. J'ai alors pu sentir et « voir » mes chakras reprendre des forces et laisser circuler l'énergie. L'expression « femme arc-en-ciel » m'est soudain venue à l'esprit. Très vite, j'ai souhaité en faire un livre, celui que vous tenez entre les mains, qui permettrait d'associer les connaissances que j'ai acquises des sagesses du continent indien et le travail que j'effectue en psychothérapie avec mes patientes. Grâce aux manifestations de dysfonctionnement d'un chakra, vous saurez ce que vous devez mettre en œuvre physiquement et psychiquement pour pouvoir trouver un équilibre ; et en harmonisant le chakra fragilisé par des outils externes (pierres, exercices, etc.) autant qu'internes (le développement personnel), vous renforcerez la qualité et la pérennité de vos avancées ainsi que votre santé physique. Il est donc important et essentiel d'aimer et d'entretenir vos chakras, ces centres énergétiques situés à divers endroits du corps où l'énergie entre et circule, afin de permettre à votre potentiel global de s'exprimer et de pouvoir vous ressourcer dans votre puissance féminine.

Le fonctionnement des chakras est différencié émotionnellement, physiologiquement et intrinsèquement selon le sexe. Nous nous intéresserons spécifiquement dans cet ouvrage à l'utilisation des chakras pour un quotidien épanoui au féminin. En tant que femme, je me sens naturellement plus légitime à écrire sur ce sujet, mais, bien évidemment, un ouvrage similaire aurait tout intérêt à être rédigé pour la vie épanouie des hommes !

Ma culture occidentale, empreinte de rationalité et de matérialisme, ne me portait pourtant pas spontanément vers ce type de pratiques. Lorsque j'ai reçu, presque « par hasard », une initiation en Inde de maîtres yogis et de médecins ayurvédiques, j'ai attendu quelques mois avant de dévorer plusieurs livres sur le sujet. J'ai choisi d'observer d'abord le fonctionnement des chakras dans mon quotidien, mais aussi dans celui de mes patients, de mes amis, de ma famille, sans rien en dire à personne. Cet enseignement par l'expérience et l'observation a été extrêmement enrichissant.

Un jour, une amie journaliste et spécialiste du bouddhisme m'écoutant parler de mon projet d'écriture me dit que j'avais saisi de quelle façon l'Occident avait besoin de s'approprier les chakras et qu'il était temps de les « désacraliser ». Désacraliser, ce n'est pas tout à fait mon objectif dans la mesure où je ne souhaite pas retirer le « sacré » qu'il y a en nous à travers les chakras. En revanche, il est vrai que la démarche que je vous propose comporte le fait de se relier à notre part spirituelle de façon plus simple. En effet, le New Age s'est emparé de nombreuses pratiques orientales et du vocabulaire afférent pour créer des rituels ésotériques, abscons, compréhensibles souvent par les seuls initiés, ceux qui avaient voyagé, ceux qui avaient fait des expériences, ceux qui avaient lu les textes de sagesse cachés, qui se considéraient comme « sachants ». Le propos de cet ouvrage est l'exact opposé de ce mouvement. Mon ambition est de vous donner des clés pour appréhender ces notions de façon simple afin que vous puissiez les intégrer et les pratiquer de la façon qui vous correspondra le mieux. C'est justement parce que toutes ces notions étaient très éloignées de moi au départ, de ma culture et aussi de ma façon de comprendre le monde en général que je me sens légitime à vous accompagner dans cette démarche. J'ai l'intuition que si chaque femme apprenait simplement à utiliser cette ressource de façon fluide, presque sans y penser, mais dans un ressenti spontané, bien des aspects de sa vie seraient facilités.

Ce livre s'inscrit dans la tradition du partage féminin, de cœur de femme à cœur de femme. J'ai observé de nombreuses fois lors de divers voyages (au Maroc en particulier) que tous les savoir-faire ancestraux liés aux plantes, aux soins naturels, aux aliments et à certains artisanats, par exemple, sont transmis par des femmes à des femmes. Je trouve essentielle cette transmission généreuse et pérenne des savoir-faire et des savoir être. Elle est un cadeau offert dans la joie et la générosité du féminin, de la sororité, de la douceur et du mystère partagé.

Nous avons tout intérêt à ne pas laisser cette dimension de notre être aux thérapies alternatives ou aux écrits New Age. Les chakras ne sont pas l'apanage de gens bizarres, allumés, drogués ou sectaires. Ils représentent un fonctionnement extrêmement rigoureux et cohérent de l'être humain dans son ensemble, dans sa recherche d'équilibre et de bonheur, ce qui est une des préoccupations majeures de notre époque. Fondement de la médecine ayurvédique, les chakras sont également au cœur de la médecine chinoise et font partie intégrante de l'acupuncture.

Dans cet ouvrage, vous trouverez des explications simples du fonctionnement des chakras et des repères pour comprendre si l'un d'entre eux est entravé. Les recommandations et les exercices que je vous propose sont très divers : vous pouvez choisir ceux qui vous parlent le plus, qui sont le plus adaptés à votre vécu et laisser les autres pour une autre situation, ou simplement de côté. Ils ne prennent pour la plupart que peu de temps à réaliser, car je suis consciente que notre vie quotidienne est déjà bien remplie. Ainsi, plus leur mise en application est aisée, plus les mises en œuvre ont de chances de se produire réellement. En revanche, elles nécessitent parfois d'être pratiquées plusieurs jours d'affilée ou plusieurs fois. Persévérez…

Concentrez-vous sur ces pratiques d'autoguérison jusqu'à ce qu'elles prennent une place naturelle dans votre vie, sans avoir à vous faire violence ni à vous discipliner outre mesure pour les réaliser. Il est indispensable en revanche de prendre la décision de vous faire passer en priorité et de prendre soin de vous à chaque respiration, dès que vous le pouvez.

CHAPITRE 1

LES CHAKRAS, C'EST QUOI ?

On ne les voit pas, on ne peut pas les toucher et on ne sait pas très bien comment ils fonctionnent. Il nous est donc difficile de comprendre le rôle des chakras en raison des habitudes mentales de notre pensée cartésienne et matérialiste qui repose sur ce qui est visible dans la matière. « *Les chakras sont une grille de lecture des maux du corps*, explique Jacques Lesperres, praticien en médecine traditionnelle chinoise. *Ils nous permettent de remonter d'un malaise physique à l'émotion qui le génère, souvent profondément enfouie.* »

L'intérêt actuel pour les chakras, y compris (contre toute attente) en psychologie clinique, qui est la discipline à laquelle je suis formée, pose la question de la transmission et de l'adaptation culturelle de ce savoir particulier. En Orient, la connaissance des chakras fait partie des enseignements tantriques du bouddhisme tibétain et du yoga *kundalini* dans l'hindouisme. En Occident, nous ne pouvons pas compter sur la solidité d'une transmission maître-élève linéaire ni sur la stabilité et la bienveillance de la transmission des savoirs par ceux qui les détenaient jusqu'ici. En effet, le New Age, en en faisant une pratique ésotérique placée sous le sceau du secret et de la transmission uniquement entre initiés, nous a privés pendant de nombreuses années de la possibilité d'étudier de manière scientifique leurs apports possibles pour notre santé mentale et physique. Et cela a freiné aussi la vulgarisation de ces connaissances, ainsi qu'une appropriation sereine de ces notions qui en aurait permis plus tôt leur démocratisation. En contrepartie, comme l'indique Naomi Ozaniec, auteure et enseignante en énergétique, *« nous bénéficions d'une liberté d'approche et d'une grande latitude pour explorer et découvrir par nous-mêmes puisque aucune règle ne nous est imposée »*. Avec le développement planétaire de la pratique du yoga et la compréhension du pouvoir des mantras, nous pourrions dire qu'ils sont « exercés » partout dans le monde, servant de soutien essentiel à la pratique de la pleine conscience et du recentrage.

UN ÉLÉMENT DE TRADITION SPIRITUELLE HINDOUE

Il est fait mention des chakras dans les Upanishad, des textes sacrés philosophiques écrits entre 800 et 500 ans avant notre ère et formant les fondements de la religion hindoue. Pour les hindous, les chakras sont nos centres énergétiques. Le mot « chakra » veut dire « roue » en sanskrit. Ils sont également à la base de la médecine ayurvédique, vieille de trois mille ans. Longtemps, cet élément de tradition spirituelle s'est transmis oralement : la connaissance des chakras était préservée par le biais unique du maître à l'élève. Au fil du temps, certains aspects de ces enseignements furent posés par écrit en raison des nombreux voyages auxquels étaient contraints les hommes, les distances imposant des réalités temporelles très longues. L'étude des chakras la plus détaillée et la plus complète se trouve dans le *Sat-Cakra-Nirupana*. Cette étude descriptive des centres corporels constitue le sixième chapitre d'un ouvrage capital écrit au XVIe siècle par Purananda Sami et intitulé *Shri-Tattva-Cintamini*. Il comprend des descriptions détaillées des chakras, accompagnées d'illustrations, spécifie les capacités de chacun d'entre eux lorsqu'il est en éveil et décrit les pratiques que l'adepte doit maîtriser pour les renforcer.

Les textes anciens parlent de quatre-vingt-huit mille chakras répartis sur tout le corps. Cela nous indique à quel point il n'y a pratiquement aucun point du corps humain qui ne soit pas une zone sensible permettant de capter, de transformer, et de transmettre l'énergie ! Mais ils en dénombrent sept majeurs situés le long d'une ligne qui suit le trajet de la colonne vertébrale, ce sont eux qui nous intéresseront dans cet ouvrage. Dans les textes anciens, ils sont décrits comme des fleurs de lotus (lire l'encadré p. 23) disposés le long d'une ligne verticale allant du chakra racine, le premier, au chakra couronne, le septième.

> Le système des chakras est à la fois un outil de guérison puissant et un levier pertinent de connaissance de soi, permettant une intimité bienveillante, complète et acceptante.

SEPT CHAKRAS TELS DES FLEURS DE LOTUS

Faisant partie d'un ensemble de douze chakras majeurs, les sept chakras principaux sont ceux qui nous sont le plus familiers en Occident. Ils se situent le long de la colonne vertébrale – du coccyx au sommet du crâne – et correspondent aux sept glandes principales du système endocrinien en médecine chinoise. Le rôle des chakras est d'émettre et de recevoir les énergies vibratoires aux pulsations rythmées de façon équilibrée. Cela implique que l'énergie qu'ils produisent tourne dans le bon sens, de façon ni trop lente ou entravée, ni trop rapide ou tournant à vide. Ce fonctionnement optimal leur permet de diffuser l'énergie vitale dans le corps et le système physiologique, et d'agir sur les organes. Bien que leur symbole soit la fleur de lotus, ils ont souvent la forme d'un cône dans de nombreuses représentations pédagogiques, car c'est le volume qu'ils ont dans le corps subtil. Ces cônes sont eux-mêmes constitués de spirales coniques plus petites qui ressemblent à des tourbillons. Lorsqu'un chakra est en bonne santé, qu'il fonctionne sans entrave, sa spirale effectue des rotations. La pulsion ou vibration de ce chakra est agréable et sa coloration est brillante.

Chaque chakra correspond à une zone bien précise du corps et donc à des organes, des glandes, des manifestations physiques et des émotions spécifiques que nous détaillerons dans la partie II.

- Le premier chakra est situé à la base de la colonne vertébrale, il est appelé chakra racine.

- Le deuxième chakra est situé sous le nombril : c'est le chakra sacré.

- Le troisième chakra est situé entre le nombril et la cage thoracique, dans la zone du plexus, c'est le chakra solaire.

- Le quatrième chakra est situé au milieu de la poitrine : c'est le chakra du cœur.

- Le cinquième chakra est situé à la base de la gorge : c'est le chakra de la gorge.
- Le sixième chakra se situe entre les sourcils : c'est le chakra frontal ou « troisième œil ».
- Le septième chakra est situé au sommet de la tête, c'est le chakra couronne.

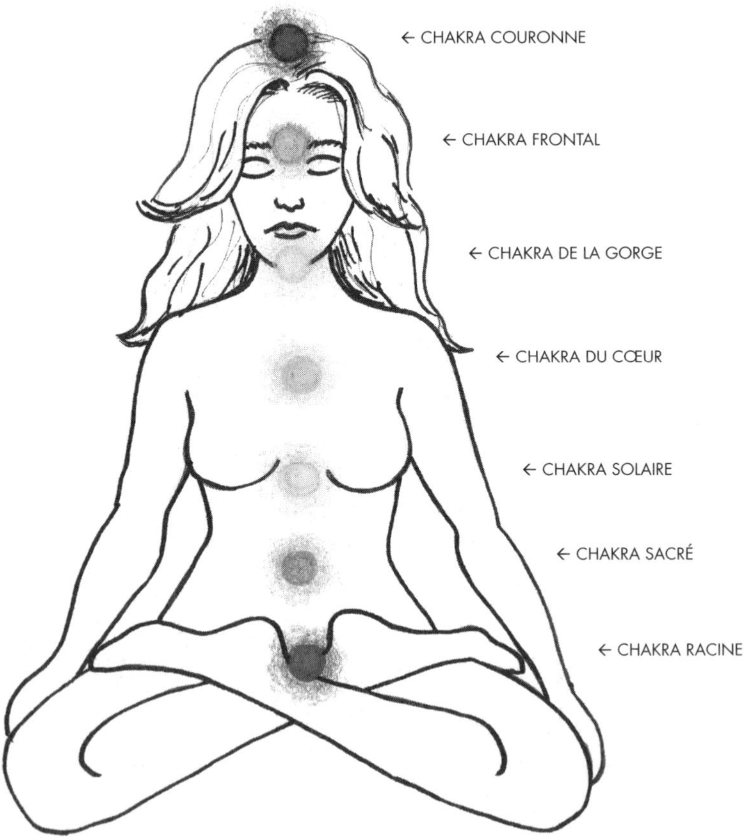

LA FLEUR DE LOTUS, TOUT UN SYMBOLE

Plante des marécages, la fleur de lotus est sacrée en Inde. Symbole de pureté pour les bouddhistes, elle a donné son nom à une posture assise très utilisée en méditation et en yoga.

Le lotus produit des fleurs et des graines de manière simultanée, une caractéristique qui incarne la coexistence de tous nos états de vie. Notre évolution spirituelle n'est donc pas linéaire mais mouvante en permanence. Contrairement aux autres plantes aquatiques, le lotus s'élève hors de l'eau et produit de belles fleurs immaculées alors qu'il pousse dans des endroits marécageux et boueux. Il en va de même pour notre éveil spirituel : nous pouvons nous élever au-delà de nos conditions de départ (la boue) pour atteindre un état plus développé (la corolle blanche). Le lotus semble se faner à l'approche du soir pour mieux renaître le matin. Il se débarrasse en effet de certains pétales chaque jour pour en faire pousser de nouveaux : cette particularité le relie au renouveau et aux cycles de renaissance.

Il a également un lien particulier avec la femme car cette fleur est pour beaucoup d'hindous un symbole féminin. Sa corolle qui se déploie en ouverture rappelle la fonction d'accueil des femmes, dans leur sexualité, bien sûr, mais aussi sur un versant plus symbolique, familial, relationnel. De plus, tout le principe qui guide l'énergie, la *kundalini*, traverse les sept chakras principaux, du chakra racine au chakra couronne où elle s'épanouit en ouverture.

CHAKRAS FÉMININS ET CHAKRAS MASCULINS

Chaque chakra a une rotation orientée soit vers la droite soit vers la gauche. Pour les femmes, les chakras impairs (1, 3, 5, 7) tournent dans le sens inverse des aiguilles d'une montre. Les chakras pairs (2, 4, 6) tournent dans le sens des aiguilles d'une montre. Pour les hommes, c'est l'inverse. En médecine chinoise, chaque rotation vers la droite relève, dans son essence, d'une dominante *yang*, qui correspond plutôt à la volonté et l'activité. Les rotations vers la gauche ont en conséquence une dominante *yin*, tournée vers la réceptivité, l'accueil et l'entente ou l'harmonie. Par exemple, le premier chakra (ou chakra racine) tourne de droite à gauche chez l'homme, renforçant de cette façon ses qualités actives dans ce centre, c'est-à-dire la conquête et la maîtrise, que ce soit au niveau matériel mais aussi, de façon très évidente, dans la sexualité. Le chakra racine de la femme tournant de gauche à droite la rend plus réceptive à la force vivifiante et créatrice de la terre, de la nature, de l'habitat, du territoire. D'ailleurs, les agents immobiliers vous confirmeront que ce sont souvent les femmes qui choisissent l'habitat d'un foyer. En revanche, le deuxième chakra, le sacré, fonctionne en sens inverse pour les deux sexes, permettant à la femme de bénéficier d'une force plus active dans l'expression de ses sentiments tandis que le mouvement inverse de l'homme lui permet d'être un récepteur puissant des émotions, qualité que l'éducation occidentale favorise peu. Celle-ci serait pourtant extrêmement valorisante : plutôt que d'insister en permanence sur le fait que les hommes expriment peu leurs émotions, nous pourrions découvrir qu'ils les comprennent mieux que nous ne le faisons nous-mêmes et les encourager à développer ce potentiel.

Le témoignage d'Agnès, énergéticienne et naturopathe

Dans la vie des femmes, le premier chakra, le chakra muladhara, me parle du *yin* sacré, de la communauté des femmes, de nos relations avec les autres femmes, nos mères, nos filles, nos amies, et donc de la qualité relationnelle que nous entretenons avec les personnes du sexe féminin. Il s'agit là de notre connexion avec toutes les femmes du monde. On lui attribue plutôt les couleurs rouge et noir, la lune et l'ancrage. C'est par ce chakra que notre corps est nourri des énergies de la terre mère nourricière.

Il me raconte aussi notre histoire avec la terre mère nourricière, avec la nourriture et le lien que nous entretenons avec les aliments ou la façon dont nous prenons soin de notre corps par l'alimentation, l'attention que nous portons à nos gestes quand nous préparons nos repas, le remerciement à la nature qui nous nourrit chaque jour ainsi que nos enfants.

Il me rappelle à l'ordre quand je manque d'ancrage et que je suis en débordement émotionnel. Il vient me rappeler que mes racines sont à la base de mon corps et qu'il faut rester connectée en conscience avec mes racines si je veux être en paix.

Le chakra du *yin* sacré c'est le complément du *yang* sacré, celui de la force du masculin, de l'autorité, du soleil, du feu, de la lumière et de la spiritualité. C'est le

→

chakra de la communauté des hommes et de la relation que j'entretiens avec les hommes, l'autorité et la spiritualité. C'est par ce chakra couronne que nous sommes nourris de l'énergie du ciel. Le chakra 7 est associé à la couleur pourpre mais aussi au blanc du *yang*. C'est par ce chakra que le flux d'énergie *yang* descend dans votre corps.

Je vous invite à travailler les liens que nous entretenons entre notre chakra racine et notre chakra couronne afin de gagner en paix, et de trouver l'équilibre du tao, l'équilibre entre ce *yin* et ce *yang*, l'équilibre entre le royaume et la couronne, l'équilibre entre la communauté des femmes et celle des hommes.

Il faut comprendre dans son corps que nos différences sont fondamentales car ces deux énergies – le *yin* et le *yang* – sont complémentaires. L'une ne peut pas vivre sans l'autre. Essayez d'intégrer dans votre corps que si l'une de ces énergies est absente, la vie n'est pas possible ; que si l'une de ces énergies est en déséquilibre dans votre corps vous n'êtes pas bien, déprimée ou malade. Comprendre que le *yin* n'est pas sans le *yang* et réciproquement est vital pour notre bonne santé comme pour celle du monde.

À CHAQUE CHAKRA SA COULEUR

À chacune de ces fleurs de lotus représentant les chakras correspond une couleur dont la vibration est proche de celles des couleurs de l'arc-en-ciel, symbole universel et très ancien d'harmonie. Dans la Bible, et en conséquence dans toutes les religions chrétiennes, il rappelle la promesse de Dieu de ne plus détruire la terre et l'humanité après le déluge ; c'est une promesse éternelle de paix entre le divin et les humains. Pour les hindous, il symbolise les vibrations énergétiques qui, lorsqu'elles sont optimales, apportent la paix en chaque être humain. Il représente ainsi une façon de transporter le sacré, la marque la plus évidente de la part spirituelle de notre être. Nous sommes des véhicules du sacré, et son action en nous et vers le monde est incarnée par nos chakras. C'est aussi le sens de la femme arc-en-ciel : elle comprend sa dimension sacrée et en fait un outil de pacification là où elle vit, une aptitude à la clairvoyance bienveillante, à la fois personnelle et collective.

Associés chacun à une couleur de l'arc-en-ciel, les sept chakras principaux sont aussi reliés à des fonctions organiques et énergétiques spécifiques. Les chakras ont également un élément de référence (terre, eau, feu, air, éther, lumière, conscience) ainsi qu'une préférence sensorielle de fonctionnement (odorat, goût, vue, toucher, ouïe, intuition).

Pour dépasser les blocages et harmoniser nos chakras, la méthode la plus simple consiste à soumettre chaque chakra en perte d'énergie à des vibrations proches de celles qu'il devrait émettre s'il fonctionnait de façon optimale. La façon la plus facile pour les repérer sera de se concentrer sur la couleur du chakra dysfonctionnel ou sur la zone du corps dans laquelle il est situé. C'est la raison pour laquelle chaque chakra est toujours représenté par une couleur qui lui est propre et qu'il est important de connaître. Celle-ci transporte une vibration particulière et permet donc par sa seule présence au contact du chakra de le renforcer.

Vous pourrez trouver des sources d'énergie par vos vêtements, certaines épices, certains aliments, des pierres, dont la couleur correspond souvent, mais pas toujours, à celle du chakra. Je vous présenterai donc dans la deuxième partie de cet ouvrage les éléments, aliments, couleurs et huiles essentielles appropriées au rétablissement de l'énergie.

L'ÉNERGIE VITALE AU CŒUR DES CHAKRAS

Autour de notre corps humain physique, existent pour les hindous des couches d'énergie, appelées corps énergétiques. Ces corps constituent dans leur ensemble l'aura d'un individu. L'énergie de l'aura est centrée autour des sept chakras principaux et de nombreux centres secondaires. Ils appartiennent donc tous à notre « corps subtil », c'est-à-dire à l'ensemble des énergies invisibles du corps humain (l'aura, le *qi*, les chakras, le corps éthérique et une partie de l'âme) et distribuent de l'énergie fondamentale à certains organes physiques et glandes endocriniennes. Selon la tradition indienne, l'énergie circule d'un chakra à l'autre par des canaux, les *nadis*.

L'énergie vitale, en passant par chaque chakra, se concentre en tournant comme un cyclone, remontant du périnée au sommet de la tête. Elle doit pouvoir passer librement dans les chakras, sans excès, sans manque ni stagnation. Or, un mal-être, une émotion aiguë, des problèmes anciens non résolus, une mauvaise hygiène de vie ou le stress peuvent les dérégler : leur énergie s'amenuise en particulier quand elle est tiraillée entre vos frustrations et la spontanéité de votre nature profonde, empêchant l'énergie vitale de circuler librement et efficacement. Pour les hindous, ce déséquilibre favorise les maladies. Équilibrer ses chakras contribue donc à prévenir ou à soigner ces dernières, mais c'est aussi un appel personnel et constant à soigner durablement les aspects psycho-émotionnels qui nous font souffrir ou vivre des détresses émotionnelles profondes.

À la base du chakra se trouve une sorte de centre, que l'on appelle son cœur. La pulsion qu'envoie le centre de chaque chakra va autant vers l'avant que vers l'arrière de votre corps et sur les côtés. Si vous avez fait l'expérience de coller votre joue ou votre corps sur le dos de votre partenaire ou de vous tenir près du dos d'un enfant, vous avez probablement senti cette énergie circuler plus amplement et plus directement que lorsque vous leur faites face.

En effet, lorsque nous sommes face à quelqu'un, nous sommes souvent parasités par son regard et par toutes les questions que la proximité provoque en nous (« *Comment l'autre me voit-il ?* », par exemple). En outre, nous sommes facilement plus en contrôle de l'énergie que nous dégageons devant nous que de celle qui est derrière, qui ne nous est pas du tout familière en Occident. Sans maîtrise consciente, l'accès à l'énergie est donc généralement plus simple. Si un thérapeute a fait une lecture de vos chakras, vous aurez sûrement remarqué qu'il commence souvent inconsciemment par baisser les yeux pour se concentrer.

Le témoignage de Marie Ortoli, coach de vie

Personnellement, chaque chakra me permet de me relier à ce qu'il représente en termes d'énergie.

Le chakra racine pour mon ancrage et pour avoir les pieds bien sur terre.

Le chakra sacré pour me connecter à mon énergie vitale et ma créativité.

Le chakra du plexus pour avoir l'énergie d'agir.

Le chakra du cœur me permet de me relier à cette énergie sublime et de faire rayonner ce que j'aime et ce qui me tient à cœur : donner et recevoir.

Le chakra de la gorge pour me positionner, m'exprimer et avoir la parole juste.

Le chakra du troisième œil pour activer mon intuition.

Le chakra couronne pour activer ma perception de la conscience-unité, au fait que je ne suis jamais seule mais que je fais partie du grand tout et que je suis soutenue et guidée par l'amour universel.

LA CIRCULATION DE L'ÉNERGIE GRÂCE AUX *NADIS*

Comme le corps physique est bien plus qu'une somme d'organes, le corps énergétique est bien plus qu'une série de chakras alignés les uns au-dessus des autres. Il existe donc d'autres systèmes vitaux assurant la circulation des énergies et le lien de tous les centres énergétiques entre eux, comme notre système nerveux.

Ce réseau est composé de canaux appelés méridiens ou *nadis* (*nad* signifie « flux »). Le verset 13 du *Siva Samhita* nous indique ainsi que « *dans le corps de l'homme se trouvent 350 000 nadis, dont 14 principaux* ».

Le *nadi* central, la *sushumnâ*, enveloppe notre colonne vertébrale et fait circuler l'énergie depuis la « *zone sacrée* » (le premier chakra) dans tout notre corps jusqu'au chakra couronne, appelé aussi « porte de l'esprit universel ». La *sushumnâ* prend naissance dans notre pulsion de vie et ce qui nous relie à nos ancêtres, puis à la terre qui nous porte, pour aboutir dans la sphère qui représente notre lien avec le divin, avec ce qui nous dépasse.

LA *KUNDALINI*, L'ÉNERGIE VITALE

Comme dans le corps physique, la colonne vertébrale joue un rôle essentiel dans la circulation des énergies subtiles. Elle fait remonter le long de notre corps l'énergie de la *kundalini* qui s'y trouve « enroulée comme un serpent[1] » à sa base, c'est la raison pour laquelle cette énergie est si souvent incarnée par cet animal dans la tradition hindoue. Cette force de la *kundalini* représente l'énergie créatrice cosmique. Elle est appelée *shakti* dans la sagesse hindoue,

→

1. « La Kundalini Upanisad » dans *Upanishad du Yoga*, Gallimard, 1990.

c'est l'énergie féminine divine. Chez beaucoup d'entre nous, une part bien trop faible de l'énergie vitale est opérationnelle et circule correctement. C'est souvent la première chose que vérifient les praticiens en médecine chinoise par exemple. Car lorsque l'énergie vitale n'est pas assez produite ou tourne à vide, nous vivons des phénomènes d'épuisement ou de dépression. Chez les hindous, cette perte de désir de vie (au sens large) s'explique par le fait que notre énergie vitale ne peut plus alimenter les centres que constituent nos chakras, les empêchant à la fois de recevoir de l'énergie mais aussi d'en produire à bon escient.
L'éveil de cette force latente a des conséquences souvent très puissantes. On dit qu'elle peut entraîner une reconstruction de tout l'être, semblable à une seconde naissance. Ainsi, lorsque vos chakras fonctionnent librement, vous êtes reliée à votre élan vital qui impulse l'énergie mais aussi à votre enracinement (par le chakra de la base), à votre pouvoir d'action dans le monde (par le chakra sacré), à une vision claire et en conscience (grâce au chakra du troisième œil) et aussi aux capacités de votre âme à être reliée en confiance au divin ou à l'univers, par le chakra couronne.

DEUX CANAUX ÉNERGÉTIQUES SECONDAIRES ET ESSENTIELS

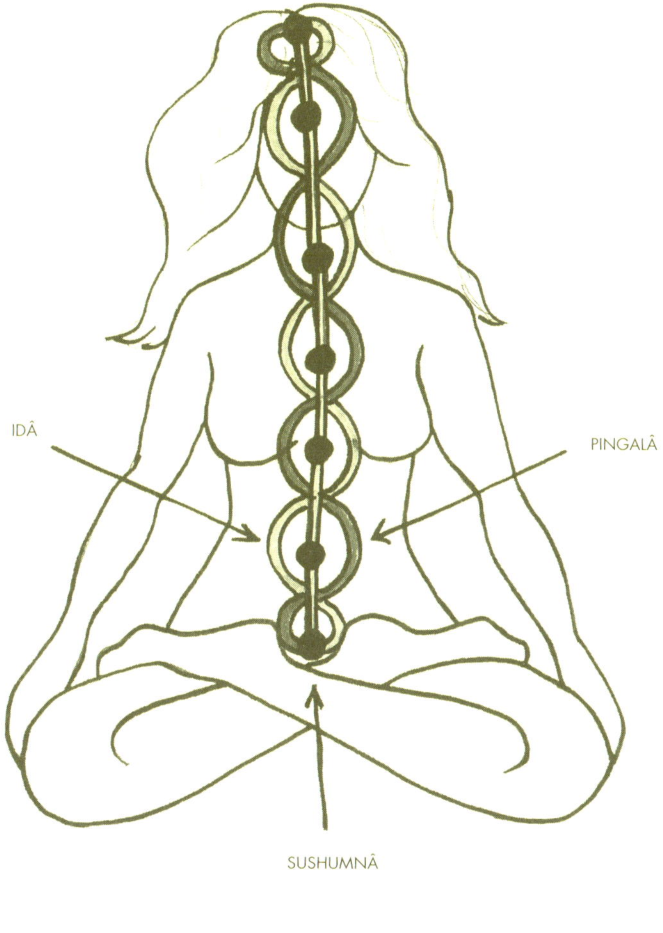

En plus de la *sushumnâ*, le canal principal transportant et distribuant notre énergie vitale, deux autres canaux énergétiques jouent un rôle important et nous permettent de nous alimenter nous-mêmes en énergie de vie : il s'agit de *idâ*, le véhicule de l'énergie solaire, et *pingalâ*, celui de l'énergie lunaire. Ces deux *nadis* émergent respectivement à droite et à gauche du chakra racine et s'entrecroisent symétriquement en remontant le long de la *sushumnâ*. Les représentations qui sont faites de ces canaux rappellent le motif des deux serpents du caducée de la médecine traditionnelle occidentale.

- La *pingalâ* est le véhicule de l'énergie solaire, pleine de chaleur et d'élan. Le point de départ de ce canal est à droite du chakra racine et aboutit au niveau du sourcil droit, dans la partie supérieure de la narine droite.

- *Idâ* se caractérise par une énergie complémentaire, lunaire, calmante et rafraîchissante. Le point de départ de ce canal se situe à gauche du chakra racine et aboutit au niveau du sourcil gauche, dans la partie supérieure de la narine gauche.

Ces deux canaux tournent également autour de la *sushumnâ* pour faire aboutir l'épanouissement de leurs énergies. Leur capacité et leur fonction sont de capter directement le *prâna* (le souffle et le principe vital du souffle) de l'air par l'inspiration. Ils éliminent également les toxines du corps par l'expiration. Leur stimulation se fait de façon très simple par un exercice que tous les élèves yogis connaissent bien : la respiration rapide par narines alternées (voir p. 59).

Il est donc essentiel de comprendre comment fonctionnent ces deux canaux nous permettant de prendre soin de nous à chaque phase de tous nos cycles féminins, des plus fragilisants (comme la période des règles, qui devrait être en fait le moment le plus reposant de nos cycles, si nous acceptions et respections nos besoins) aux plus énergisants.

Idâ, *pingalâ* et *sushumnâ* se rejoignent à un endroit situé entre les deux sourcils pour former un nœud d'énergies.

Le témoignage de Cathy Collot, acupunctrice, praticienne en médecine chinoise, enseignante de yoga et de méditation

J'ai découvert l'existence des chakras il y a trente ans lorsque j'ai commencé la pratique du hatha yoga. Ces notions invisibles et impalpables ne sont pas faciles à intégrer pour nos esprits habitués à la division du corps et de l'esprit mais j'ai peu à peu compris que cette vision intégrait non seulement une réalité corporelle comme nous l'entendons en Occident, avec les glandes endocrines et les organes associés aux différents chakras, mais aussi à la relation avec nos émotions, notre mental, notre conscience et notre lien spirituel au monde. C'est un changement total de vision de l'être et de la vie par rapport à notre regard occidental morcelé sur la constitution humaine et ses interactions avec le vivant ! Ces « roues de la vie »

→

animent notre fonctionnement global, les forces vitales, qui les traversent et les mettent en mouvement, agissent autant sur notre santé physique que sur la maturation de notre personnalité et notre conscience de l'interdépendance avec l'univers. Chaque chakra correspond donc également à une étape de développement personnel qui va de nos instincts de survie au chakra racine, jusqu'à la réalisation de notre unité avec le tout au chakra couronne. On pourrait comparer ce processus à une échelle qui donne accès à plus d'ouverture et de connaissance intérieure à chaque niveau.

Une autre conscience de soi et du monde s'éveille et se déploie peu à peu. C'est un accès différent au réel qui nous donne un sentiment de lien, d'interdépendance qui nous apaise d'une part et nous libère de nos projections étriquées d'autre part. On acquiert aussi un peu d'humilité en comprenant que nous sommes très loin de tout pouvoir comprendre et expliquer.

Le travail sur les chakras m'a appris à mieux canaliser mes émotions, à les situer dans mon corps, à les écouter sans m'y identifier totalement et à pouvoir agir physiquement et psychiquement pour me libérer du stress qu'elles occasionnent.

CHAPITRE 2

POURQUOI DES DYSFONCTIONNEMENTS ?

Marie Lise Labonté, psychothérapeute, auteure et formatrice canadienne, indique que l'on reconnaît un chakra dysfonctionnel à son durcissement ou à la sensation de vide qui se situe à cet endroit précis. Cela peut être aussi une sensation de froid, un picotement, une résistance. Je constate très souvent par exemple que les patientes qui sont en train d'énoncer quelque chose de difficile à verbaliser posent un ou plusieurs doigts sur leur gorge, comme pour stimuler le cinquième chakra. Elles n'en sont pas conscientes mais cette démarche spontanée est constructive : elles sont alors en train de soutenir le chakra qui produit l'énergie dont elles ont besoin à ce moment-là, elles en prennent soin et prennent soin d'elles. Je le leur fais rarement remarquer mais je devrais, car prendre conscience de ses capacités naturelles d'autoguérison est extrêmement libérateur pour les femmes.

UN ÉQUILIBRE VITE FRAGILISÉ

L'énergie entre les chakras doit être véhiculée de façon régulière : ni trop, ni pas assez (la fameuse « voie du milieu » des philosophies orientales). Chaque chakra représente une partie différente de notre être et c'est à travers ce système que nous recevons et créons à la fois notre expérience de vie. Ce réseau de centres énergétiques relie à la fois notre corps, notre mental (nos capacités de planification, d'objectivation et d'analyse), nos émotions (tristesse, peur, joie, colère principalement), l'âme (la part de nous qui existait avant notre naissance et perdure après notre mort) et l'esprit (la part de nous qui comprend que nous sommes humains et limités, nous poussant à entrer en contact et à dialoguer avec un divin illimité).

Lorsque notre système de chakras fonctionne sainement, nous manifestons alors des ressources comme la confiance, la clarté, l'amour désintéressé, la compassion, l'affirmation de soi et le calme, ou le bien-être.

Inversement, quand il ne fonctionne pas de façon fluide, cela peut se traduire par de l'impulsivité, de la rébellion vis-à-vis des lois universelles, une recherche de toute-puissance qui peut mener à des crises de rage ou de violence, vis-à-vis de soi ou des autres, un manque de confiance, de la peur, de l'anxiété et des symptômes dépressifs comme la perte de désir de vie ou l'incapacité à être dans l'attention, la concentration, et l'impossibilité à prendre soin de soi.

À l'origine du dysfonctionnement d'un chakra il y a parfois un tiraillement : nous désirons que certaines évolutions se produisent, mais nous en produisons d'autres qui nous font souffrir.

Nous pouvons aussi tomber malades lorsque cette situation se prolonge. Nous décidons souvent de tenir pour acquis que nous sommes plutôt sensibles à certaines maladies, ou que certains symptômes se répètent sans que nous parvenions à les enrayer par la médecine traditionnelle. En réalité, ils expriment inlassablement un dysfonctionnement énergétique que nous n'entendons pas. Je ne certifie pas que le fait de le comprendre va vous guérir instantanément, car certaines de nos fragilités ont parfois une utilité dans notre équilibre, nous en avons « besoin ». Mais vous saurez quelle partie de vous réclame de l'aide et se manifeste. Vous pourrez l'observer, sans jugement, en prendre soin, et, très probablement, guérir lorsque ce sera le moment. Nous avons été fortement conditionnées à ignorer nos faiblesses et à lutter contre elles. Pour la plupart d'entre nous, elles sont « la bête à abattre », nos pires ennemies, des penchants inavouables dont il faudrait se débarrasser pour être enfin quelqu'un de bien. Nous cherchons spontanément à mettre en avant nos forces et à occulter nos faiblesses, car c'est ce que l'on nous a appris. Pourtant, nos fragilités peuvent nous apprendre des milliers de choses subtiles, intimes et passionnantes sur nous-mêmes et sur les autres, des informations auxquelles nos forces ne pourront jamais accéder. D'ailleurs, il est de rares moments d'intimité aussi qualitatifs que lorsque vous parlez de vos fragilités à quelqu'un ou lorsque quelqu'un vous confie quelque chose de difficile pour lui.

LES INCIDENCES DE NOS PENSÉES

Le rôle des chakras est globalement de récupérer l'énergie vitale et de la répartir dans le corps en fonction de ses besoins physiologiques, émotionnels ou spirituels. Pour les hindous, cette énergie provient de ce qui nous entoure, elle est l'impulsion principale, l'essence de l'univers auquel nous appartenons. Par exemple, l'eau procure une énergie revigorante et vivifiante. Nous savons en effet qu'elle produit des ions négatifs qui équilibrent les effets des ions positifs liés à la pollution, aux ondes électromagnétiques et qui provoquent du stress sous différentes formes. Cette énergie positive que nous pouvons récupérer grâce à l'eau est répartie autour de nous et en nous ; nous en ressentons immédiatement les effets lorsque nous allons au bord de la mer, que nous nous approchons d'un ruisseau ou d'une cascade en montagne. Les chakras absorberaient alors cette énergie. Mais, de la même façon, ils absorbent aussi les énergies négatives, celles que nous produisons, et celles que nous subissons. Notre rôle est alors d'aider nos chakras à fonctionner du mieux possible, à les réguler en y étant attentives et en les rechargeant régulièrement.

Les travaux du médecin japonais Masaru Emoto sur la mémoire de l'eau viennent confirmer cette hypothèse. Avec son équipe, il mit au point une méthode d'observation des cristaux d'eau dont les photographies prises au microscope ont aujourd'hui fait le tour du monde. Pour obtenir ces cristaux, son équipe plaçait des échantillons d'eau à –20 °C en exposant cette eau à des sons spécifiques ou à des mots, parfois exprimés verbalement, parfois juste pensés en présence de l'eau, ou « montrés » à l'eau, écrits sur un papier. Ces chercheurs établirent alors la grande sensibilité de l'eau à l'énergie émise par la pensée, la parole ou la musique, les cristaux prenant des apparences différentes selon la vibration à laquelle on les soumettait. Ceux qui se forment lorsque l'eau est soumise à des vibrations positives (prières, mots d'amour, musique douce) n'ont pas la même apparence que ceux qui se forment à la suite d'une exposition à des vibrations négatives (messages de haine par exemple). Or, à sa naissance, l'être humain est constitué de 90 % d'eau, et à l'âge adulte, son corps en contient encore 70 %. Nous baignons donc littéralement dans les vibrations que nos pensées émettent. Il est important de savoir que ce sont en grande partie nos pensées ou nos paroles qui influent sur l'ouverture, la fermeture et la bonne circulation de nos centres d'énergie. Ainsi, nous avons les clés en nous pour les faire évoluer positivement. Nos pensées et paroles négatives peuvent créer des blocages et modifier notre flux d'énergie : le stress, les préjugés, la peur de l'inconnu sont les principales causes de ce dérèglement. Et, *in fine*, les dysfonctionnements accumulés qui ne sont pas pris en compte finissent toujours par se manifester somatiquement. Nous gagnons donc à discipliner notre parole et nos pensées, bien plus libératrices que le déni dont nous usons le plus souvent lorsque nous pensons qu'ignorer un problème ou ne pas en parler va le faire disparaître. Le nourrir ou le faire exister de façon démesurée ne nous aide pas non plus. Le seul chemin d'épanouissement se situe dans la responsabilisation vis-à-vis de nous-mêmes, dans la mise en conscience, la mise en mots ajustée, et la transformation bienveillante de nos comportements et nos verbalisations.

NOTRE PART D'OMBRE

Les chakras expriment votre part spirituelle reliée au sacré, en lien avec ce qui vous dépasse et qui est plus grand que vous, mais aussi, et c'est important de le comprendre, avec votre « Ombre », cet archétype théorisé par le psychiatre Carl Gustav Jung : une partie de vous qui n'est pas consciente mais qui vous influence chaque fois que vous êtes en zone de vulnérabilité. Vous niez très souvent le fonctionnement de votre Ombre, car elle exprime tout ce qui aspire en vous à des choses que vous ne souhaitez pas voir advenir, ou que vous n'assumez pas de désirer, car vous les estimez honteuses ou contraires à vos valeurs essentielles.

Comment cet archétype s'exprime-t-il en moi et comment le reconnaître ? Lorsque je déteste quelqu'un au point de ne pouvoir le supporter en aucune façon, je peux me demander ce qu'il incarne pour moi, ce que je cherche à tout prix à ne pas voir en moi et que je n'assume pas de désirer ardemment : il s'agit là de mon Ombre. Très souvent cela prend la forme d'une aspiration profonde que vous ne parvenez pas à vous révéler parce qu'elle vous semble trop honteuse, ni même à assumer comme vôtre. Nous ne supportons tellement pas de désirer ce comportement que nous le détestons de toutes nos forces chez autrui. Lorsque nous parvenons à aimer ou tout du moins à accepter les désirs qui nous semblent honteux, et à observer sans juger, parfois même avec un peu d'attendrissement, les personnes qui les assument, la haine tombe, entraînant une réconciliation nouvelle, d'abord avec soi mais aussi avec ce qui nous crispait tant chez d'autres.

LA COMPASSION COMME REMÈDE

Notre plus grande force, pour sortir du rapport de force avec notre Ombre, est la compassion, la *tsewa* en tibétain. Il s'agit d'un état d'esprit global et libérateur face au monde. L'idée principale de ce concept est que nous avons avec autrui la même relation qu'avec nous-mêmes. Notre attention pour nous-mêmes dans une juste reconnaissance de qui nous sommes peut naturellement englober les autres. Ainsi, la compassion (chez les bouddhistes) ou l'amour désintéressé (chez les hindous) n'est qu'un stade supérieur de la conscience de soi, et de l'amour pour soi-même. Lorsque l'actuel dalaï-lama et quelques-uns de ses disciples ont commencé à collaborer avec des chercheurs en neurosciences qui travaillaient sur l'objectivation des bienfaits de la méditation de pleine conscience, ils ont été stupéfaits de constater que l'estime de soi représentait un problème aussi important dans notre culture. Ils n'imaginaient pas qu'il soit possible que tant d'Occidentaux ne s'aiment pas eux-mêmes. En effet, dans la culture tibétaine, il n'y a aucune différence entre l'amour de soi et l'amour de l'autre, et cela est valable aussi pour la haine : haïr l'autre, c'est se haïr soi.

LA DUALITÉ DU MONDE, UNE FAUSSE CROYANCE

Cela peut arriver que nous nous bridions par conditionnement, croyance négative, schéma de répétition ou par peur du changement. De plus, notre plus grande croyance partagée est la dualité du monde, c'est-à-dire une forme de dichotomie que nous appliquons à de nombreux sujets : émotions, opinions, traits de personnalité, ressentis, actions. Nous analysons le monde selon la loi du « tout ou rien », pensant souvent que « soit c'est noir, soit c'est blanc » et nous avons alors le plus grand mal à admettre la coexistence des contraires. Si nous sortons de l'opposition, du rapport de force, de la classification, de l'anticipation de ce qui « doit » se produire, nous respirons alors dans une nouvelle maturité, une sagesse plus libre, que l'on appelle en langage spirituel la non-dualité. C'est cette élévation à un stade plus souple et plus agile qu'un bon fonctionnement de vos chakras peut permettre. Lorsque vous cessez de penser que les choses *doivent* être comme ça et pas autrement, lorsque vous vous autorisez à laisser coexister des émotions qui « devraient » être opposées selon le principe de la dualité, lorsque vous accueillez *ce qui est*, et cessez de vous accrocher à ce que vous voudriez que soit le réel, vous apportez une grande respiration à tout votre fonctionnement émotionnel, spirituel et donc physique (qui est relié aux deux précédents à tout moment).

Dans cette partie, je vous propose dans un premier temps une palette de pratiques et d'outils qui permettront de relancer l'énergie des principaux chakras, puis je vous présenterai chaque chakra en détail. Vous constaterez que les listes d'activités ou de solutions aux déséquilibres des chakras sont **de deux types**. Certaines *clés pragmatiques* peuvent favoriser le fonctionnement sain d'un chakra. En outre, et c'est le plus important, la mise en place *d'actions symboliques* et de changements de mode de vie peut vous permettre d'harmoniser votre équilibre énergétique durablement car c'est en profondeur que l'on peut le travailler efficacement.

Par exemple, il ne servirait à rien de mettre chaque jour de l'huile essentielle d'élémi ou une pierre rouge de jaspe sur votre chakra racine si vous vous comportez de façon irresponsable vis-à-vis de vos finances, que vous voyagez sans arrêt sans jamais prendre le temps de vous poser chez vous, si vous ne passez aucun repas avec votre famille ou si vous vous alimentez n'importe comment, si vous êtes déconnectée de votre corps et que vous négligez totalement ses besoins. Les huiles essentielles, les pierres, les fleurs de Bach, les postures de yoga sont des accompagnateurs puissants de changements plus globaux. Ils nécessitent donc que vous mettiez en place ces changements dans le réel pour pouvoir soutenir pleinement l'action qu'ils impulsent. Retenez que sans prise de conscience profonde, sans mise en lumière de ce qui vous apporte du bien et de ce qui vous fait du mal, l'équilibre n'est pas possible. Dans la partie consacrée à *Devenir femme arc-en-ciel*, vous verrez comment obtenir un fonctionnement optimal en profondeur par un changement de comportements psycho-émotionnels et, surtout, de regard sur le monde.

MA BOÎTE À OUTILS DE RENFORCEMENT DES CHAKRAS

Il existe des liens très directs entre les déséquilibres d'un chakra et les dysfonctionnements de la zone corporelle où il est situé. Par exemple, de façon évidente, certains problèmes d'extinction de voix ou de dérèglements de la glande thyroïde sont liés au chakra de la gorge. Cette simplicité de lien entre chakras et manifestations physiologiques permet de comprendre de quel centre énergétique provient le problème qui vous soucie le plus à un moment donné, et que vous avez à résoudre. Les chakras fonctionnent donc comme des signaux d'alerte vous indiquant les points de déséquilibre de votre monde émotionnel, de vos ressentis internes. Même quand vous n'arrivez pas à prendre conscience d'une émotion négative, le corps la lit, et elle a un effet sur les centres énergétiques. Lorsque vous ne résolvez pas ces tiraillements douloureux, le corps les engramme et vous créez une empreinte qui vient entraver la fluidité de circulation de votre énergie vitale à travers les différents chakras. Ceux-ci vous indiquent donc la voie à suivre sans cesse tout en vous fournissant une carte géographique de votre fonctionnement dans l'ici et le maintenant.

Ils peuvent également être sollicités plus fortement si vous avez exceptionnellement besoin de puiser dans une des ressources qu'ils vous proposent. Par exemple, si vous avez besoin d'être « sur le devant de la scène » temporairement, pour des raisons professionnelles par exemple, le chakra du plexus solaire sera probablement très actif. L'essentiel est de veiller à nourrir et à recharger les chakras qui sont les plus sollicités.

L'enseignement des chakras est à double sens : vos manifestations corporelles ou émotionnelles vous montrent quel chakra dysfonctionne et vos dysfonctionnements émotionnels vident d'énergie certains chakras. Ainsi, la réponse adaptée et la recherche d'équilibre tiennent compte de ce double sens également, vous permettant d'accéder à un double bénéfice : lorsque je change mes comportements, que mes émotions évoluent vers une démarche plus bienveillante, mes chakras se rechargent et s'équilibrent. Et lorsque mes chakras fonctionnent en énergie et en équilibre, ils produisent une santé physique, physiologique et émotionnelle nouvelle.

Gardez à l'esprit ce double mouvement, qui est une clé de compréhension universelle : *ce que je donne* (ou plus exactement ce que je produis) et *ce que je reçois* est guidé par la même dynamique. Souvenez-vous du principe de *tsewa* : pour être aimé ou pour cesser de détester, vous pouvez apprendre à vous aimer et cesser de vous détester. Le résultat souhaité advient de lui-même ensuite. Pour recevoir de la gentillesse, de la bienveillance, de l'intelligence relationnelle, vous pouvez commencer par en produire vous-même, et lorsque vous en recevez, vous nourrissez vos capacités à en donner (comme l'enfant qui reçoit de la sécurité peut l'engranger dans les domaines physique et affectif, et saura en donner à son tour, à l'âge adulte).

Lorsque vous assimilez la logique implacable du double mouvement de l'univers, vous pouvez prendre la responsabilité de produire des émotions et des relations de bien plus grande qualité et vous en recevrez en retour. C'est le sens de l'enseignement de l'essayiste militant Satish Kumar. Cette théorie est la clé de tout cet ouvrage et de l'évolution que je vous propose, afin de déployer votre puissance féminine. Dans cette « boîte à outils », je vous présente douze ressources pour vous aider à équilibrer ou à rééquilibrer vos chakras pour un fonctionnement harmonieux, physique et émotionnel (ne cherchez pas à tous les utiliser ! Choisissez ceux qui vous conviennent le mieux). Mais surtout je vous guide ensuite vers une méthode inédite de transformation personnelle. Changer votre fonctionnement psycho-émotionnel est à la fois la clé et le but de vos chakras.

LES HUILES ESSENTIELLES

Sur le plan organique, une huile essentielle est un concentré des principes aromatiques actifs qui véhiculent une information thérapeutique donnée. L'activité des chakras étant soumise au double mouvement respiratoire inspir/expir, elle a donc des répercussions directes sur le corps et le système physiologique, et c'est cette fonction qu'elle peut stimuler.

Très odorantes, les huiles essentielles dégagent un parfum qui peut emprunter à la fois la voie cutanée (par application sur la peau du mélange qui les contient) et olfactive (en les respirant). Les huiles essentielles font donc appel aux deux sens les plus archaïques, l'odorat et le toucher, que nous développons avant même de naître. Ils sont notre mode de dialogue premier avec le vivant.

Si vous avez déjà utilisé des huiles essentielles, vous en avez peut-être ressenti les vibrations et les énergies. En effet, quand vous êtes en contact prolongé avec son parfum ou ses principes actifs, qu'elle soit diffusée dans l'atmosphère ou massée sur la peau, vous pouvez observer ses effets sur votre ressenti physique et sur votre humeur.

Si elles sont appliquées par voie cutanée, elles doivent être diluées dans une huile végétale et massées sur la zone du chakra concerné. Les huiles essentielles sont bien plus efficaces lorsqu'elles sont appliquées en respectant le mouvement de rotation de chaque chakra (voir p. 24). Pour le chakra couronne, on peut simplement en mettre sur les mains et les passer au-dessus de la tête pour que l'huile produise son effet.

En dispersion dans l'atmosphère, il vous suffit d'utiliser un diffuseur dédié à cet effet ou d'en mettre quelques gouttes dans la pièce où vous dormez.

En cas d'urgence, vous pouvez aussi inspirer directement le flacon ouvert de l'huile essentielle choisie ou en mettre deux gouttes sur un poignet pour pouvoir en respirer l'odeur quelques heures.

LES ÉLIXIRS DE FLEURS DU DR BACH

Les premiers élixirs floraux ont été mis au point en Angleterre dans les années 1930 par le Dr Edward Bach. En soignant ses patients, ce médecin avait la conviction qu'il traitait les symptômes physiques, mais que les vraies causes des maladies étaient émotionnelles. Il considérait chaque somatisation comme étant le signal d'un déséquilibre ou d'un état émotionnel négatif. Le retour à la santé passait donc par le rétablissement de l'équilibre émotionnel. À partir de cette prise de conscience, il utilisa les propriétés curatives de certaines fleurs et plantes.

Ses premiers trente-huit élixirs floraux, communément appelés « Fleurs de Bach », sont maintenant connus dans le monde entier. Le plus célèbre est *Rescue Remedy*, une association de plusieurs fleurs qui permet de reprendre pied lorsque l'on a la sensation d'être débordée émotionnellement.

Chaque chakra va être sensible à une ou plusieurs fleurs. Je vous indiquerai les Fleurs de Bach spécifiques à chacun d'entre eux, permettant de remédier aux déséquilibres émotionnels.

LA LITHOTHÉRAPIE

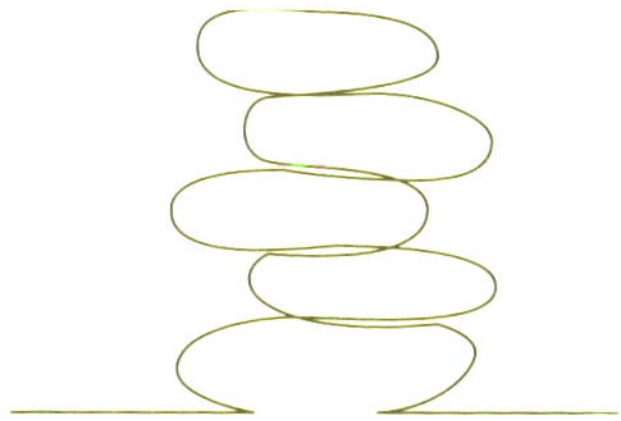

Chaque chakra possède une couleur dominante, il peut donc entrer en résonance avec une fréquence vibratoire propre à la couleur qui le symbolise. La lithothérapie utilise l'énergie véhiculée par les pierres afin de soigner et de soutenir les besoins du corps et des centres énergétiques. Elle postule que chaque type de pierre est capable d'émettre ou d'absorber des énergies. Ainsi, elle étudie et utilise les vertus naturelles des pierres, particulièrement dans le lien étroit qu'elles ont avec les chakras : chaque minéral possède une teinte spécifique se rapprochant souvent de la couleur attribuée à chaque chakra. Les pierres peuvent alors intervenir comme des transmetteurs en agissant sur les variations de vibrations de nos sept centres d'énergie principaux. Vous trouverez pour chaque chakra quelques-unes des pierres les plus couramment utilisées pour les renforcer. Cependant, la connaissance des pierres étant particulièrement complexe, je vous recommande de demander conseil à un lithothérapeute ou dans une boutique de pierres énergétiques.

LE YOGA

Dans le yoga, la période de préparation des élèves est suivie d'une assimilation progressive des techniques de *pranayama*, une pratique de respiration dont la signification est « extension de la force de vie ». Elle permet de prendre conscience de son énergie vitale, le *prana* en sanskrit, pour mieux la respecter et la laisser évoluer. Les techniques proposées consistent à réguler et affiner la respiration afin de retrouver de l'énergie. Le *pranayama* est l'une des huit branches du yoga, au même titre que les postures, que l'on appelle *asanas*, et la méditation. Dans l'ordre, le yogi pratique d'abord les *asanas*, puis le *pranayama* et enfin la méditation, qui est la branche du yoga à laquelle les postures et la respiration préparent. Les postures fonctionnent sur plusieurs plans : elles agissent tout d'abord sur le bien-être physique par la relaxation des tensions musculaires, le renforcement des systèmes physiologiques internes et le soulagement des raideurs articulaires. Elles ont également une action sur le plan énergétique par leur action sur les *nadis* (voir p. 33), où circulent les énergies. Par ailleurs, la respiration et les états émotionnels étant intimement liés, les uns agissent systématiquement sur les autres. En effet, lorsque vous subissez un fort niveau de stress, votre respiration est rapide et parfois chaotique ; à l'inverse, lorsque vous revenez au calme, elle devient plus paisible. Ainsi, en améliorant la qualité de notre respiration, nous pouvons induire une détente globale qui agit également sur notre activité physiologique et énergétique. Combinés avec la pratique de nouveaux états d'esprit dans la vie quotidienne, assimilés par la compréhension de la philosophie du yoga, le *pranayama* et les *asanas* affectent aussi les niveaux mental et émotionnel de notre être en lui apportant une sérénité profonde et surtout des possibilités nouvelles de maîtrise de soi et de ses réactions.

LA RESPIRATION PAR NARINES ALTERNÉES POUR ÉLIMINER LES TOXINES DU CORPS

La respiration purifie les canaux énergétiques (*nadis*), nettoie les conduits vitaux de tous les chakras et équilibre le flux d'énergie entre les côtés droit et gauche du corps.

La respiration est rapide et alternée en utilisant une narine après l'autre.

Elle se pratique dans une posture assise : en tailleur ou demi-lotus avec un soutien (zafu, coussin ou banc de méditation, etc.) au besoin.

Le dos doit être bien droit et la posture confortable.

Pendant la pratique de la respiration alternée, la narine droite est fermée avec le pouce de la main droite.

Inspirez par la narine gauche.

À la fin de l'inspiration, libérez la narine droite, en soulevant votre pouce.

Fermez la narine gauche avec l'annulaire.

→

Expirez par la narine droite.
Inspirez par la narine droite.
Expirez par la narine gauche après avoir fermé la narine droite avec le pouce et libéré la narine gauche en soulevant l'annulaire.
Et ainsi de suite…
Cet exercice peut se pratiquer à tout moment pendant cinq à dix minutes. Il constitue une possibilité de régénération et d'équilibrage.

La plupart d'entre nous inspirons uniquement avec la partie supérieure des poumons. La respiration profonde, qui utilise au maximum la capacité pulmonaire et abdominale, équilibre et contrebalance notre tendance à respirer (et aussi à vivre !) superficiellement. C'est la raison pour laquelle elle est un des exercices clés du yoga, de la méditation et de chaque forme de pratique de pleine conscience et de meilleure compréhension de soi. Toutes les spiritualités et de nombreuses pratiques thérapeutiques lui accordent une place essentielle : la respiration attentive et en conscience fait partie, la plupart du temps, d'un entraînement mental de régulation émotionnelle et d'expansion du champ de la conscience. Elle permet principalement de nous remettre en contact avec nos propres sensations qui sont le chemin le plus direct vers les souvenirs et les sentiments enfouis. Une vie consciente est donc totalement reliée à une pratique de la respiration consciente.

LA RESPIRATION YOGIQUE

La respiration yogique est la synthèse de trois respirations successives. L'air est inspiré d'abord dans l'abdomen, puis la poitrine, et, enfin, à travers les narines. C'est une respiration extrêmement apaisante, qui permet de relâcher facilement les tensions.

Pour utiliser une image permettant de vous représenter l'exercice, vous allez faire faire à l'air qui remplit votre corps trois « collines » successives, l'une après l'autre : la colline du ventre, puis celle de la cage thoracique et enfin celle de la partie haute du corps : la gorge et les narines.

Inspirez doucement et profondément.

Laissez l'air emplir votre ventre, sentez de quelle façon il se gonfle de toute son amplitude tandis que votre diaphragme se distend.

Laissez ce même air emplir vos poumons et sentez comme votre cage thoracique cette fois se gonfle de toute son amplitude.

Laissez l'air monter et emplir votre gorge puis vos narines.

En expirant, videz vos narines d'abord, puis vos poumons, et enfin votre ventre.

Comme cette technique demande un peu d'entraînement, il est intéressant au début de vous discipliner à l'exercer deux fois par jour, le matin au réveil et le soir au coucher, juste quelques minutes. Pendant vingt et un jours par exemple. Une fois que vous l'aurez assimilée, vous pourrez y avoir recours facilement lorsque vous serez en difficulté, déstabilisée ou angoissée.

→

__MON CONSEIL :__ n'hésitez pas à demander à un enseignant yogi de vous en faire la démonstration et de vous la faire exécuter en plaçant sa main sur votre ventre, puis votre poitrine en accompagnant le mouvement de l'air vers vos narines. Vous pouvez aussi trouver nombre de vidéos sur Internet pour vous aider à l'effectuer correctement. Poser ses mains sur le ventre puis la cage thoracique permet de comprendre le circuit de la circulation de l'air. Très vite, dès que vous maîtriserez cette technique, vous n'aurez plus besoin d'utiliser vos mains.

Sa grande simplicité de mise en œuvre en fait un outil d'une grande efficacité. Vous pouvez la pratiquer partout et autant de fois qu'elle vous sera bénéfique.

En ce qui concerne les postures proprement dites, l'enseignant japonais Hiroshi Motoyama fait concorder des séries d'*asanas* réparties en deux groupes avec chacun des chakras. Celles du premier groupe servent d'exercices préparatoires qui augmentent l'absorption du *prana* par le corps et régularisent la circulation. Celles du second groupe renforcent la *sushumnâ* et facilitent la circulation du *prana* dans le *nadi* principal. Ces postures sont familières à celles qui pratiquent déjà le yoga. Nous les évoquerons donc dans la partie réservée à chacun des chakras principaux, pour que vous ayez une palette diversifiée de possibilités d'action selon votre sensibilité, vos disponibilités et compétences, mais aussi selon ce qui vous attire le plus.

LE REIKI

Le reiki (du japonais *rei*, « vie universelle », et *ki*, « énergie ») est une thérapie fondée sur la guérison énergétique. Apparue au Japon à la fin du XIXe siècle, elle est centrée sur un transfert d'énergie, celui de l'énergie universelle des mains du praticien à son patient en s'appuyant sur son champ vibratoire. Imprégné de la culture japonaise, de sa proximité avec la nature, le reiki cherche un ressourcement dans le vivant et active l'autoguérison.

Cette pratique existe depuis des milliers d'années mais sa forme actuelle a été développée pour la première fois en 1922 par Mikao Usui, et elle est arrivée en Europe dans les années 1980. Elle postule que toute personne a la capacité de se connecter avec sa propre énergie de guérison et peut l'utiliser pour renforcer l'énergie en soi et aider les autres. Comme l'explique Marie-Laure Staudt, praticienne dans cette discipline : « *Le reiki est l'énergie de vie, la force qui pousse vers le changement et donne le courage de choisir un monde nouveau.* »

Pour cela, la pratique du reiki se centre sur chaque chakra et l'alimente en énergie universelle. L'idée est que votre corps sait ce dont il a besoin et qu'il utilisera ensuite l'énergie qui lui a été transmise pour nettoyer et rééquilibrer par les ressources d'autoguérison utilisées habituellement (alimentation, transpiration, élimination, respiration, mouvement). Plus simplement, c'est aussi une pratique de mieux-être au quotidien, une vision de la vie qui privilégie la tolérance, la sérénité, la bienveillance, la douceur, le pardon, le respect de soi, des autres et du monde en général. C'est un engagement, vis-à-vis de soi-même et du monde extérieur, à développer la maîtrise de soi, à prendre conscience de notre libre arbitre et de notre responsabilité individuelle.

Le témoignage de Delphine Bizart, praticienne reiki

Si mes chakras ne tournent pas bien, s'ils sont en berne, fatigués ou au contraire s'ils tournent trop vite, j'en ressens les symptômes dans mes corps physique, mental et émotionnel très rapidement.

Lorsque je pratique le reiki, aussi bien en autotraitement qu'en traitement sur autrui, mon premier geste est d'aller vérifier comment vont les chakras !

Le chakra que je préfère pour moi-même est le premier : le chakra racine, qui est le plus fragile mais aussi le plus fort quand il « tourne » bien. En le travaillant, il m'a permis de me sécuriser et de m'autoriser à être à la bonne place.

LES SONS

Dans les traditions primitives, les thérapies sonores étaient liées aux incantations. Dans les croyances orientales, certains sons ont le pouvoir de faire disparaître les douleurs physiques. Chez les moines tibétains, les chamanes scandinaves, les femmes-médecine amérindiennes et bien d'autres encore, l'utilisation des sons et des chants est toujours indispensable aux rites de guérison.

De nombreuses recherches en neurosciences ont mis en évidence les effets bénéfiques de la musique sur le corps et en particulier sur l'activité cérébrale (lire le magnifique article d'Aline Moussard, Françoise Rochette et Emmanuel Bigand, « La musique comme outil de stimulation cognitive », qui synthétise l'état de la recherche à ce sujet[2]).

Chaque son est associé à un mouvement spécifique sur l'instrument. S'il est frotté, pincé, frappé, secoué, les réactions et les sensations seront différentes. De la même manière, en fonction du centre énergétique à équilibrer, on privilégiera plutôt certains instruments, certains sons ou certains mouvements.

2. En téléchargement gratuit sur *L'Année psychologique*, [en ligne], 2012/3, vol. 112 : www.cairn.info/revue-l-annee-psychologique1-2012-3-page-499.htm#

Parmi les plus efficaces, on trouve les bâtons de pluie, les tambours, les diapasons, les cymbales, les bols de cristal, les gongs et les bols tibétains. Quel que soit l'instrument utilisé, l'objectif reste identique : permettre de se régénérer pour initier son processus naturel d'autoguérison.

Les bols tibétains sont pour cette pratique d'une grande aide, très surprenante. Ils recréent la fréquence harmonique originale de chaque chakra et stimulent le corps à travers le sens de l'ouïe, mais aussi par le ressenti vibratoire afin que chaque centre énergétique retrouve sa propre fréquence.

LA MUSIQUE BINAURALE

La musique binaurale consiste à écouter des sons à l'aide d'un casque stéréophonique (ou tout simplement de bons écouteurs) dont la fréquence diffère d'une oreille à l'autre (un contenu sonore identique avec des tonalités différentes). Le cerveau traite la différence de fréquences au niveau supérieur de chaque hémisphère produisant alors des ondes cérébrales de même fréquence que la différence. Les ondes alpha sont des sons inaudibles mais qui vont induire un état méditatif profond et soigner par leur émission le chakra en difficulté auquel elles s'adressent. Vous trouverez cette musique en libre accès sur Internet ou téléchargeable sur des sites spécialisés.

Vous pouvez donc, par exemple, écouter une musique binaurale pour vous endormir et la laisser travailler pendant votre sommeil grâce à des écouteurs si vous avez identifié que l'un de vos centres énergétiques aurait besoin de soutien ou de recharge.

LA VISUALISATION

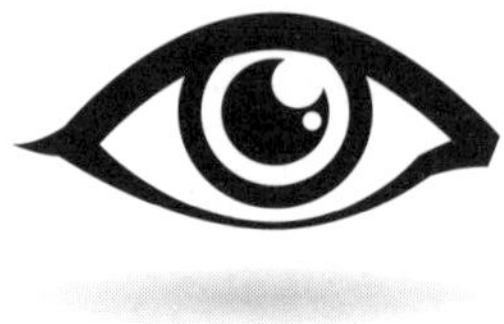

La visualisation est la capacité de l'esprit à anticiper positivement des transformations par le biais de l'imagination, de l'intention et de la volonté. C'est un exercice à la fois psychique, émotionnel et corporel permettant de créer un mouvement qui amorce un changement. Il permet d'exercer notre capacité de création pour soutenir une intention précise. Nous pouvons ainsi créer des changements désirés en conscience en passant par notre monde intérieur. La méthode est très simple et utilisée dans de nombreuses thérapies alternatives à la psychologie clinique (sophrologie, relaxation, rêve éveillé dirigé, etc.). Quand votre esprit est familiarisé avec un procédé de pensée par images, il instaure une ressource nouvelle vous permettant de créer en imagination de façon plus dense et plus présente un grand nombre de visualisations.

Voici comment procéder :

1. J'ai une intention précise : un désir de changement.

2. Je prends une décision.

3. Je visualise le résultat que je souhaite à l'aide de mon imagination, mais aussi de sensations, d'émotions qui viennent dans la visualisation.

4. Je me rends disponible au changement par une attitude d'accueil, d'observation créatrice et active.

EXERCICE D'ÉQUILIBRAGE DES CHAKRAS PAR LA VISUALISATION

Vous avez une intention précise : harmoniser les chakras. Vous pouvez simplement visualiser et imaginer le résultat, sans forcer ni imposer quoi que ce soit, juste en invitant le changement à se faire.
Vous accueillez le résultat en vous comme s'il était déjà opérationnel.

- Fermez les yeux.
- Prenez quelques secondes pour vous relaxer et plusieurs grandes respirations pour vous détendre.
- Commencez par le chakra racine.
- Posez vos paumes sur le chakra racine comme si vous le protégiez avec vos mains et visualisez-le (par exemple comme un cône ou une sphère).
- Affirmez en vous : « *Je prends soin de mon chakra racine.* »
- Visualisez l'image d'un chakra qui se recharge.
- Prenez le temps dont vous avez besoin pour chaque chakra, mais en général quelques minutes suffisent.

La simplicité de cet exercice vous permet de l'effectuer facilement, par exemple en méditant le matin ou en effectuant un automassage.

LES MANTRAS

Le mot « mantra » provient du sanskrit (*manas*, « esprit », et *tra*, « outil »), il propose d'être un outil pour l'action de l'esprit. Les mantras ont originellement été conçus pour soutenir l'effet des exercices de yoga ou pour accéder à des plans supérieurs de conscience et apaiser l'âme. De nombreux mantras sont par exemple utilisés pour méditer. En les prononçant, nous pouvons percevoir leur vibration sur plusieurs plans. Grâce à la répétition rythmée et renouvelée d'une même syllabe, le cerveau cesse d'analyser et laisse agir les mantras. Il s'agit donc de syllabes et de mots sanskrits contenant des vibrations sonores nous permettant de canaliser nos pensées, nos émotions et nos intentions. La force du mantra vient du son, de sa résonance vibratoire qui a le pouvoir d'influer sur la personne qui le récite. Le volume de la voix et le rythme de récitation des mantras sont importants. C'est la raison pour laquelle, dans les cours de yoga qui utilisent les mantras, on apprend non seulement la série de sonorités mais aussi le rythme de diction nécessaire à son action.

À chaque chakra correspond un mantra constitué d'une syllabe spécifique, qui comporte en elle la vibration qui le réveille. Une fois que vous connaissez les syllabes associées aux différents chakras, aidez-vous de celles-ci pour méditer sur un chakra en particulier en recherchant l'équilibrage émotionnel lié à son équilibrage énergétique : LAM, VAM, RAM, YAM, HAM, AUM (ou OM), NG. Répétez, par exemple, l'une de ces syllabes en pleine conscience pendant quelques minutes. La façon de procéder la plus simple consiste à la prononcer en perpétuant le son de sa dernière lettre (par exemple Lammmmmmmm) et en plaçant votre conscience et le son produit au cœur du chakra concerné. Vous pouvez également le réciter en vous aidant d'un *mala*, ce collier de prière hindou ou bouddhiste aux cent huit grains ou perles.

LES AFFIRMATIONS {JE SUIS}

Les affirmations fonctionnent de la même façon que le mantra. Par la répétition, nous pouvons modifier les intentions et agir sur les fréquences vibratoires des chakras en les stimulant. Ces invitations bienveillantes à l'écoute de soi fonctionnent grâce au principe de l'autosuggestion, qui est une sorte de proposition que nous nous faisons en conscience. Notre cerveau reptilien, lui, fonctionne plutôt de façon instinctive, c'est-à-dire qu'il est à l'affût du danger pour pouvoir s'y préparer à tout moment. Il est donc essentiel de le discipliner pour aller vers l'équilibre des constats sur le monde et sur nous-mêmes : aux dangers potentiels et aux événements de vie négatifs, nous répondons en conscience par la prise en compte de nos ressources et de nos possibilités d'émerveillement et de gratitude. Lorsqu'elles sont exprimées intentionnellement et de nombreuses fois, les affirmations positives peuvent renforcer les capacités du cerveau et en particulier la fonction cérébrale que l'on appelle « plasticité neuronale », qui est une sorte de reconfiguration du cerveau et de ses chemins cognitifs habituels.

Pour chacun des sept chakras principaux, vous trouverez des propositions d'affirmations selon ce que vous cherchez à travailler. Vous pouvez également en rédiger et en réciter de nouvelles qui vous correspondent, et qui soient adaptées à ce que vous souhaitez faire progresser.

LA MÉDITATION

En quoi la méditation nous aide-t-elle dans la compréhension du fonctionnement de nos chakras et dans la possibilité d'améliorer ce fonctionnement ? Plusieurs recherches effectuées ces dix dernières années ont démontré les bienfaits de la méditation de pleine conscience sur la santé, la gestion des émotions et les relations interpersonnelles. En France, les travaux d'Antoine Lutz à l'Inserm de Lyon, associée à ceux du chercheur Francisco Varela, un neurobiologiste et philosophe chilien, sont éclairants. En utilisant l'imagerie cérébrale pour étudier les pratiques de méditation chez des méditants de tradition bouddhiste puis chez des laïcs novices formés au programme MBSR (programme de réduction du stress fondé sur la pleine conscience), ils démontrent l'impact de ces pratiques sur la qualité de l'attention, la régulation des émotions et la perception de la douleur. Ils ont ainsi pu expérimenter qu'un entraînement de méditation (pendant trois mois dans leur première étude), changeait les capacités d'attention et de concentration des personnes. De plus, ils ont constaté qu'il existait un impact de cette pratique sur la santé physique et le vieillissement, même si elle était accomplie sur une courte durée chaque jour (trente minutes par exemple).

> « La pleine conscience consiste à porter une attention pleine et entière à ce qui se passe autour de nous et en nous – dans notre corps, notre cœur et notre esprit. C'est un état d'éveil dénué de critique et de jugement[3]. »

Les deux enseignements principaux de la pratique de la méditation de pleine conscience sont les suivants :

1. S'aligner dans la tourmente. Que se passe-t-il quand nous méditons ? Si vous vous êtes déjà exercée à cette pratique, assise les yeux fermés, vous aurez constaté que vos pensées vous happent, et vous vous recentrez, par exemple à l'aide de votre respiration. Le train de pensées reprend quelques minutes après à vive allure, vous le suivez un temps, puis vous vous en apercevez et, sans jugement, vous vous recentrez sur votre respiration. Reproduire sereinement ce mouvement psychique et physique des dizaines de fois vous forme à une chose essentielle : si la tempête advient dans votre vie, vous êtes entraînée à revenir à vous calmement.

2. La pleine conscience elle-même. Être totalement conscient de soi et de ce qui nous entoure demande un effort, un exercice pour lequel nous avons besoin de nous discipliner un certain temps avant de pouvoir l'accomplir de façon plus spontanée et plus régulière. Pour libérer de l'espace dans notre mental et pouvoir anticiper plus, organiser plus – et donc stresser plus –, nous passons en

3. In *52 Façons de pratiquer la pleine conscience* de Jan Chozen-Bays.

« pilotage automatique » tout ce que nous pouvons faire sans réfléchir : donner un bain aux enfants, conduire, préparer les repas, répondre au téléphone, payer une facture… Cette myriade d'instants constitue notre présent, et ce que nous vivons vraiment. Hier n'existe plus et nos appréhensions pour demain ne se sont pas encore réalisées. Il est donc bien plus pertinent, soulageant, calmant et gratifiant, d'être totalement présente et pleinement consciente de ce que nous réalisons maintenant au lieu de le faire par automatisme et de décupler ainsi le goût du quotidien par la pleine conscience du plaisir, du bonheur et de la chance que nous avons de le vivre.

Il existe une méditation célèbre qui a fait le tour du monde grâce à son extrême simplicité et sa grande efficacité. Intitulée méditation de l'amour bienveillant (*loving kindness* en anglais), elle consiste tout simplement à visualiser et à observer son propre cœur, ou le chakra du cœur, et à développer en conscience une énergie aimante envers soi-même puis envers les autres, de manière progressive. La méditation s'achève en intégrant le monde entier dans son cœur (dans une version de cette pratique), ou en intégrant les personnes pour lesquelles nous avons le plus d'aversion, permettant d'accéder ainsi à ses capacités de pardon et de création de liens nouveaux.

EXERCICE DE LA MÉDITATION DE L'AMOUR BIENVEILLANT (OU METTA)

Voici un exercice en quatre étapes destiné à la pratique de la compassion pour vous-même. Vous pouvez également pratiquer le metta pour autrui (proches, amis, personnes avec lesquelles vos relations sont difficiles).

Prévoyez quinze à vingt minutes pour effectuer les quatre étapes. En développant votre pratique, vous pourrez l'allonger en durée.

1. Mettez votre corps à l'aise

Trouvez un espace où vous êtes confortable.

Fermez les yeux ou laissez-les ouverts et fixez doucement un point.

2. Assouplissez le ventre et la poitrine

Relâchez intentionnellement le ventre pour commencer en le sentant se gonfler et se réduire chaque fois qu'une respiration le remplit puis le vide. Autorisez votre respiration à prendre son espace dans le ventre et la poitrine.

3. Reliez-vous à des sentiments positifs

Concentrez-vous sur la région du cœur en plaçant votre conscience dans cette zone, ou placez physiquement la main sur votre cœur si vous le souhaitez. Reliez-vous à des sentiments positifs comme l'attention, la gentillesse et l'amour. Si ces émotions vous semblent trop difficiles en ce moment, continuez simplement et doucement à respirer dans le ventre et la poitrine.

4. Faites appel à un mantra du cœur

Réciter des mantras est une façon classique de pratiquer metta en fournissant à votre cœur et à votre esprit un

soutien. Par exemple : « *Je suis en sécurité, je suis en paix, je suis heureuse, je suis sereine.* »
Vous pouvez alors visualiser votre cœur, et vous insérer dedans, protégée et en sécurité. Puis élargissez votre cœur par la visualisation, et accueillez-y, si vous le souhaitez, ceux que vous aimez, ou quelqu'un avec qui vous avez des difficultés en ce moment. Vous verrez que, grâce à la pratique, vous pourrez y inclure sans discrimination vos voisins, votre rue, votre ville, votre pays, et même le monde entier.

LE TONGLEN

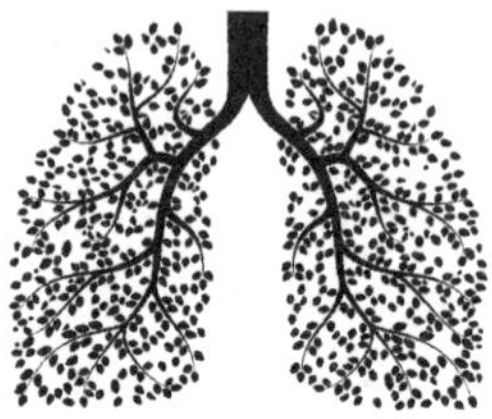

En tibétain, *tonglen* veut dire « donner et recevoir ». J'ai découvert cette pratique récemment, lors du récit qu'une femme bouddhiste américaine m'a fait des attaques terroristes du 11 septembre 2001 aux États-Unis. Pema Chödron la décrit également dans son ouvrage *Vivre heureux lorsque tout change et tout est incertain*. Dans les jours qui suivirent les attentats, alors que le monde entier était tétanisé, de nombreuses personnes se sont rassemblées pour pratiquer le tonglen. Cette pratique a suscité mon intérêt car elle fonctionne de façon exactement inverse à ce que nous avons généralement l'habitude de pratiquer, par exemple en relaxation thérapeutique, qui consiste à inspirer la guérison, la cicatrisation de nos blessures, l'apaisement ; et à expirer ce qui est chargé en nous, ce qui nous plombe, ce qui est douloureux. Or, j'aime les dynamiques qui vont à contre-courant ! Des dizaines de personnes ont décidé d'inspirer la colère meurtrière des auteurs des détournements d'avion et d'expirer en transmettant au monde entier l'apaisement. Cet outil de paix est efficace et puissant, néanmoins il demande d'être dans une qualité de présence et de conscience à soi élevée. Le tonglen s'enseigne de plusieurs façons mais il consiste globalement à inspirer ce que nous essayons habituellement d'éviter et à expirer ce que nous voudrions garder en nous : nous inspirons la douleur et expirons le bonheur et le calme. Cette pratique totalement inhabituelle nous aide à surmonter notre peur de la souffrance et à puiser dans la source de compassion présente en chacune de nous. Cela réveille notre empathie naturelle et accroît notre sentiment d'œuvrer dans le monde. Ma conviction est que si nous parvenons à ne pas fuir ces émotions désagréables et à partager généreusement les émotions saines dont nous sommes pourvues en abondance, nous pouvons changer le cours des choses et apporter de la paix.

J'ai créé spécialement pour cet ouvrage un tonglen spécifique aux sept chakras principaux. Il est essentiel de n'utiliser le tonglen que si vous vous en sentez capable. En effet, il n'est pas anodin d'inspirer la peur, la haine ou la violence. Commencez tout d'abord par un travail en profondeur sur vous, prenez le temps de guérir vos traumatismes, d'apprendre à prendre soin de vous et de votre corps. C'est le plus important. Préparez-vous en méditation, et quand cela sera possible, pratiquez le tonglen des chakras, ou tout autre qui vous semblera judicieux. Si besoin, vous pouvez par la suite vous laver au sel (qui est une grande source de purification énergétique) et à l'eau tiède. Pour cela, prenez du gros sel gris (non raffiné) et mettez-en dans un creux de la main pour vous frotter la peau sous une eau tiède. Vous pouvez commencer par les épaules, la poitrine, le ventre (centre de la digestion émotionnelle) en restant longtemps à cet endroit. Puis versez-en une poignée au fond d'un récipient, auquel vous ajouterez de l'eau tiède et versez le mélange bien au-dessus de votre tête en le laissant couler sur le corps, pour purifier tous vos centres énergétiques à commencer par le chakra couronne. Vous pouvez finir en secouant vos bras et vos mains, puis vos jambes et vos pieds pour chasser les énergies négatives par vos extrémités.

LE TONGLEN DES CHAKRAS

Cette pratique, que j'ai créée, consiste à se mettre en posture de méditation, assise si possible, et à observer alternativement chacun de nos chakras principaux en inspirant doucement les fonctionnements qui le heurtent et en expirant ceux qui le renforcent.

Pour le chakra 1 : J'inspire la peur du manque ; j'expire l'abondance et la fertilité.

Pour le chakra 2 : J'inspire l'égoïsme du monde ; j'expire le plaisir et la gratitude d'être en vie.

Pour le chakra 3 : J'inspire la violence du monde ; j'expire l'affirmation de soi.

Pour le chakra 4 : J'inspire la fermeture du cœur ; j'expire le pardon et l'amour désintéressé.

Pour le chakra 5 : J'inspire les insultes, les blessures verbales ; j'expire l'expression aimante, la créativité.

Pour le chakra 6 : J'inspire le contrôle et l'emprise ; j'expire l'intuition et l'intelligence.

Pour le chakra 7 : J'inspire le matérialisme et la fermeture d'esprit ; j'expire la relation intime avec le sacré et l'émerveillement.

La pratique assidue du tonglen nous permet également de toucher du doigt notre relation étroite, la communion et la similitude que nous avons avec tous les êtres vivants, qui est un des grands enseignements du chakra couronne (le septième chakra). Au lieu de nous replier sur nous-mêmes, nous pouvons alors utiliser l'amertume, le rapport de pouvoir, la jalousie et la haine pour augmenter notre capacité naturelle à aimer. Notre tristesse et nos difficultés deviennent alors une ressource pour éveiller notre cœur. Le tonglen nous connecte à ceux qui sont comme nous, qui sentent les mêmes choses que nous, ce qui nous relie universellement.

Une fois que vous l'avez bien assimilé, vous pouvez utiliser cet outil à tout moment. Comme Ho'oponopono (voir p. 202), il est particulièrement efficace lorsque vous ressentez de l'hostilité et que cela provoque en vous du ressentiment. Au lieu de se refermer, expirer et inspirer peut permettre de changer d'attitude, ce qui modifie souvent en réponse l'attitude de votre interlocuteur, ne serait-ce que pour lui faire prendre de la distance vis-à-vis de vous.

1.

LE CHAKRA RACINE {JE SUIS}

CARTE D'IDENTITÉ

Nom sanskrit : *Muladhara Chakra* (*mula* signifie « base », « fondation » et *adhara* « soutien »).

Synonyme : chakra de la base.

Couleur : le rouge, symbole de la vitalité physique.

Localisation : entre le vagin et l'anus, au niveau du périnée.

Signe particulier : seul chakra qui s'ouvre vers le bas.

Organes associés : jambes, pieds, hanches, colonne vertébrale et glandes génitales et surrénales dont il est physiquement proche.

Activité essentielle : l'élimination.

Intention : « Je suis ».

Élément de référence : la Terre.

Aspiration : la sécurité.

Sens dominant : l'odorat.

Sens spirituel : la manifestation de la conscience.

Force de vie : vous permettre de laisser partir ce dont vous n'avez plus besoin ou que vous ne voulez plus garder.

Divinité féminine : Dakini, déesse à quatre bras, tenant une épée pour écarter la peur, un bouclier pour la protéger, un crâne pour ne pas craindre la mort et un trident, car elle est l'essence de toutes les trinités spirituelles.

LE CHAKRA DE L'ENRACINEMENT

En raison de sa position verticale, le chakra racine est orienté vers le bas, ce qui lui permet de capter les énergies de la terre et de nous enraciner. Il est donc évidemment en lien avec notre histoire généalogique, avec la confiance en soi et la conscience de soi, mais aussi avec l'intégration sociale, la conscience collective et bien sûr l'harmonie avec la nature, dont il a besoin pour se ressourcer.

Le chakra rouge est à la base de la vie, des fondements de notre existence. Il est la porte d'entrée de l'énergie et nous alimente pour cela de tout notre élan vital. Sa principale fonction est de permettre à la femme d'incarner pleinement son corps physique et sa vie actuelle pour qu'elle puisse s'ancrer positivement, et avec confiance, dans son environnement. Il s'appuie pour cela sur le moment présent, qu'il cherche à vivre pleinement. C'est donc le chakra qui nous aide à comprendre le pouvoir de l'ici et du maintenant. Il traite des éléments de base dont nous avons besoin pour survivre, notamment la nourriture, un abri, le confort physique, la chaleur et la sécurité personnelle. Fondamentalement, le chakra racine représente l'instinct de survie, l'impulsion essentielle de ce feu intérieur. Sans son énergie, nous n'avons plus la capacité de lutter contre les situations d'hostilité ou les épreuves de la vie, ni de nous adapter à des situations nouvelles.

Ce chakra est le centre de notre bien-être physique et de notre « fondation énergétique ». Tous les aspects de notre identité physique sont représentés en lui, y compris la survie, l'argent, le sens du territoire, le sentiment d'appartenance à une lignée mais aussi à une culture. Il incarne le lien avec la réalité, la « tribu », la communauté et la famille.

Dès que nous naissons, notre force de vie active notre chakra racine puis se déplace vers le haut pour irriguer les autres chakras. À la naissance, nous sommes totalement dépendantes d'autres personnes pour nous nourrir et nous protéger. Par conséquent, nos premiers mois de vie sont une période de grande importance pour ce chakra. Si nous grandissons dans un environnement sécure où nos besoins physiques sont satisfaits, le chakra racine se stabilise facilement. Si nous grandissons dans un environnement instable, précaire ou dangereux, cela affectera son développement. Une fois que nous entrons dans l'âge adulte, ce chakra redevient souvent plus actif, car nous devons nous autonomiser et devenir indépendants, au sens financier par exemple.

Ce chakra est également le siège des instincts. Il ancre et donne l'énergie nécessaire pour affronter les difficultés de la vie. Comme il représente nos pulsions les plus primitives, liées au cerveau reptilien, il est associé aux glandes surrénales qui, les premières, envoient le message de danger, ainsi que la réponse la plus adaptée à celui-ci : attaque, fuite ou figement.

Le chakra préféré d'Anne-Claire Méret, naturopathe et coach de vie

J'ai eu envie il y a deux ou trois ans de travailler l'ancrage. Je me sentais complètement déconnectée de la terre (fille de la ville), et j'avais beaucoup de peurs, notamment des peurs financières importantes qui m'empêchaient d'être aussi créative que je sentais que je pouvais l'être. J'ai décidé de faire régulièrement des méditations d'ancrage et je me suis offert un stage de permaculture en Thaïlande. Je pars aussi souvent en voyage dans des endroits où je vis pieds nus, bien connectée à la terre.

Plus récemment j'ai commencé une initiation auprès de Thierry Janssen, qui nous invite à travailler chaque jour à réveiller nos chakras par une suite de mouvements. J'aime beaucoup son approche : laisser l'énergie remplir le cœur, puis le cœur diffuser aux organes pour les remplir. Je comprends que tout ce travail que je fais a des bénéfices sur le long terme, alors je ne lâche pas !

Lorsque ce premier chakra est équilibré, nous nous sentons bien dans notre vie, et dans notre corps. Nous avons conscience d'être protégées, en sécurité dans notre base. Cela nous permet de déployer l'énergie suffisante pour prendre notre place dans le monde et il nous relie à la puissance du féminin en nous. Il permet de comprendre que nous pouvons subvenir à nos besoins et nous incite à l'autonomie matérielle et affective, ainsi qu'au désir d'assumer la responsabilité de nos actions. Lorsque vous êtes nourrie par son énergie, vous êtes encline à considérer que chaque vie est précieuse. Vous ne craignez pas d'être généreuse, vous vous sentez confiante en vos capacités et n'avez pas besoin d'accumuler ou d'anticiper exagérément les événements. Vous pouvez prendre soin de vous-même, de votre famille, mais sans le faire de façon contrôlante ou au détriment des autres.

L'acceptation et la bienveillance envers la vie telle qu'elle est sur Terre, notre condition humaine, la disposition à agir en harmonie avec la Nature, et la volonté de la comprendre et de la respecter font partie des aspirations profondes qui naissent dans le fonctionnement du chakra racine.

C'est aussi lui qui influence les organes sexuels, et donc notre fertilité symbolique et physique. Si le chakra racine est déséquilibré cela peut entraîner des tendances aux excès alimentaires ou comportementaux (recherche effrénée de plaisir ou de fusion amoureuse, accumulation de biens matériels). Cette quête obsessionnelle peut nous mener à un besoin insatiable de ressources matérielles ou de nourriture afin de combler la sécurité qui nous manque de façon plus existentielle.

Il est le premier chakra, et donc d'une importance primordiale pour l'harmonisation de l'ensemble des autres chakras principaux.

➤ Pourquoi renforcer le chakra racine ?

Travailler avec l'énergie du premier chakra aide à se connecter au corps de manière saine. Il permet d'éliminer ce dont vous n'avez plus besoin ou que vous ne voulez plus dans votre vie, y compris les pensées et les émotions négatives. Son énergie nous libère de nos intolérances, de nos préjugés, des jugements trop hâtifs, trop exclusifs, rejetants ou sectaires. Il permet de s'affranchir des *a priori* hérités de croyances anciennes ou familiales.

➤ Les causes de son déséquilibre

Ce sont souvent des événements liés à notre toute petite enfance (entre 0 et 1 an) qui déterminent le fonctionnement du chakra racine, positivement ou négativement.

- Avoir vécu une naissance difficile.
- Avoir grandi dans un environnement dangereux, ne pas avoir été protégée par ses parents ou sa famille de certains dangers.
- Avoir grandi dans un foyer stressant ou chaotique.
- Avoir subi des chantages alimentaires ou un rapport malsain à l'alimentation. Avoir eu faim et ne pas avoir été rassasiée ou entendue, ou, au contraire, avoir eu comme seule réponse la nourriture, quel que soit le problème.

- Avoir des parents ou des adultes de référence peu fiables, qui répondaient rarement aux besoins, qui ont pu se détourner de vous sans raison apparente ou soudainement, sans prévenir.

- Avoir reçu peu d'attention de vos parents vis-à-vis de vos besoins essentiels.

- Avoir été retirée de façon soudaine ou trop fréquente de votre domicile ou être déposée chez d'autres personnes sans explication.

- Grandir dans plusieurs foyers différents. Ou vivre dans un foyer qui change de composition trop tôt et vous fait perdre vos repères précocement.

D'autres circonstances de la vie courante peuvent entraîner une faiblesse ou un déséquilibre du chakra racine :

- Un isolement physique ou symbolique : être mise à part, traitée différemment.

- Vivre l'exil, changer de pays, une acculturation.

- Avoir vécu un traumatisme familial ou individuel qui aurait pu entraîner la mort (lors d'un accident ou d'un traumatisme).

- Vivre dans une grande précarité financière de façon prolongée ou dans un état d'incertitude quant à la manière dont vous allez subvenir à vos besoins.

- Voyager constamment, ou trop souvent, au détriment de vos capacités de récupération.

- Tous les événements symboliques majeurs de la vie comme avoir un enfant, se marier, divorcer, devenir adulte et partir de chez ses parents.
- Perdre un membre de sa famille.
- Se retrouver loin de chez soi ou loin de sa famille, de ses proches en général.
- Vivre des abus, physiques ou symboliques (viols, attouchements, mais aussi abus de confiance, objetisation).
- Avoir une nouvelle responsabilité professionnelle ou effectuer un changement d'orientation ou de carrière.

➤ Les manifestations physiques de son déséquilibre

- Les problèmes liés au système immunitaire.
- Les problèmes liés au squelette, aux os, aux vertèbres, aux hanches.
- Les problèmes dentaires.
- Les problèmes intestinaux (constipation, diarrhées chroniques, hémorroïdes).
- Les problèmes au niveau des jambes et des pieds (varices, mycoses, etc.).
- Les problèmes liés aux pieds, genoux, fesses.

➤ Les manifestations émotionnelles de son déséquilibre

- L'inquiétude, les ruminations excessives.
- L'angoisse de manquer.
- La sensation d'une lutte permanente pour la survie.
- Ne pas se sentir en sécurité sans savoir vraiment pourquoi.
- Une peur démesurée de faire l'amour, de la pénétration et/ou du contact physique.
- Le besoin d'être agressive pour imposer ses opinions ou de manipuler pour obtenir ce dont vous avez besoin.
- Les accumulations obsessionnelles d'objets ou de relations.
- La tendance à écarter ou même à écraser autrui au nom de sa survie matérielle.
- Avoir besoin de s'isoler des autres, avoir le sentiment d'être envahie régulièrement.
- Se sentir « en trop » et non désirée par les membres de sa famille ou de son groupe d'appartenance.
- Le manque de générosité au sens large, vouloir garder les choses pour soi : idées, pensées, émotions ou choses matérielles.
- Se faire violence pour partager.
- Se sentir déconnectée du monde qui nous entoure.

- Être exagérément identifiée à sa culture d'origine.

- Avoir du mal à sortir de chez soi, à voyager, à quitter sa famille, son noyau familial.

- Transiger sur ses principes ou porter atteinte à l'intégrité d'autrui pour répondre à ses besoins.

- Avoir démesurément peur de mourir, ou ressentir d'autres angoisses existentielles (« *À quoi sert-il de vivre ? Ai-je le droit d'exister ?* »).

- Avoir tendance à être fusionnelle dans les relations amoureuses.

- Être trop « mère poule », avoir besoin de fusion avec ses enfants et avoir trop peur des dangers pour eux (ne pas les autoriser à faire des choses par eux-mêmes, à vivre des expériences en dehors du noyau familial).

➤ Comment travailler son énergie ?

Toutes les activités qui vous font prendre conscience de votre corps renforcent ce chakra. Un signal important de déséquilibre est enclenché lorsque vous sentez que vous fuyez ce type d'activités, qu'elles vous font peur, vous ennuient ou vous endorment, tant vous cherchez à leur échapper lorsque ce chakra manque d'énergie. C'est particulièrement vrai pour l'activité physique, mais cela peut concerner aussi des activités qui vous relient au corps de façon plus douce comme tout simplement le massage ou la méditation.

9 OUTILS POUR ÉQUILIBRER LE CHAKRA RACINE

- **Les huiles essentielles qui le stimulent** : mandarine, marjolaine, élémi, cannelle, gingembre.
- **Les élixirs de Bach qui favorisent son fonctionnement** : Prunier, Pin sylvestre, Marronnier blanc.
- **Les pierres d'accompagnement** : jaspe rouge, tourmaline noire, grenat almandin, œil de fer, jais.
- **Les aliments bénéfiques** : pomme, fraise, chou rouge, betterave, gingembre, aliments riches en protéines, noix et tous les aliments qui proviennent d'une racine.
- **Les vêtements, accessoires, bijoux, objets de décoration** : à choisir de couleur rouge.
- **Les postures de yoga qui aident à le renforcer** : l'éclair, le triangle.
- **Les sons qui le stimulent** : les percussions et les sons graves.
- **La note et la fréquence binaurale d'accompagnement** : le *do* et 396 Hz.
- **La syllabe sacrée** : LAM

■ 12 PROPOSITIONS D'ACTIVITÉS PRATIQUES

- Marcher pieds nus dans l'herbe ou marcher intensivement en ville. Par exemple, sortir du métro deux stations avant le point d'arrivée et faire le reste du chemin à pied. Ou partir de chez soi sans destination précise et aller là où vos pas vous mèneront.
- Serrer un arbre dans vos bras.
- Jardiner ou s'occuper de la terre d'une façon ou d'une autre.

- Pratiquer une activité sportive en conscience, du yoga ou du tai-chi.
- Faire le ménage, ranger sa maison.
- Pratiquer l'automassage et développer la pratique du massage pour vos proches.
- Recevoir un massage Chi Nei Tsang, massage énergétique de la zone du ventre (cerveau émotionnel du corps).
- Méditer, ce qui améliore la conscience de votre corps.

EXERCICE DE MÉDITATION EN MARCHANT

Les yeux mi-clos, fixez le sol devant vous, quelques centimètres devant vos pieds.
Commencez à marcher à pas lents, en pleine conscience.
Accordez chaque pas à votre respiration :
- inspirez en levant le pied très lentement,
- faites-le avancer en retenant votre souffle,
- posez le pied sur le sol en expirant.
Lorsque votre pied touche le sol, prenez le temps de le sentir s'enraciner totalement.

- Manger des graines, des légumineuses, des racines, des tubercules, tous les légumes qui poussent sous terre (carottes, betteraves, oignons, échalotes, etc.). Préférer les plats cuisinés à la maison en prêtant attention à la qualité des ingrédients. Si vous avez des moyens financiers limités, prévoyez de petites quantités mais très nutritives (par exemple les légumineuses, les pains aux farines anciennes).

- Prendre soin de vous, c'est aussi s'occuper de ses finances : faire ses comptes, penser à la retraite, à vous mettre en sécurité financièrement.
- Prendre le temps de soigner les traumatismes qui ont affecté votre rapport au corps par des psychothérapies spécifiques (par exemple EMDR, ICV, TIPI[4], etc.).
- Faire l'exercice d'ancrage ci-après.

EXERCICE POUR RENFORCER LA CONNEXION AVEC LA TERRE

Tenez-vous droite et détendue.
Écartez vos pieds de la même largeur que vos épaules.
Pliez légèrement les genoux.
Basculez votre bassin vers l'avant.
Trouvez votre point d'équilibre de manière à ce que votre poids soit également réparti sur vos pieds.
Descendez votre corps vers le bas en cherchant à l'équilibrer solidement.
Si besoin, visualisez des racines partant de la plante de vos pieds et vous reliant loin dans la terre jusqu'à son centre.
Maintenez cette position pendant quelques minutes.
Contracter le périnée à chaque inspiration et le relâcher à chaque expiration.

4. Il s'agit de thérapies brèves dites « de la troisième vague ». Elles agissent sur les traumatismes anciens et les peurs inconscientes en passant principalement par le corps et les émotions.

■ 6 PROPOSITIONS DE CHANGEMENTS PSYCHO-ÉMOTIONNELS

- Faire la liste de vos croyances liées à tout ce qui se rattache à ce chakra : quelles sont vos pensées automatiques au sujet de la nourriture, de l'argent, de la sexualité et de l'habitation ou du territoire ? Prenez le temps de lister les peurs profondes liées à ces domaines de votre vie.
- Établissez des petits rituels et des routines quotidiennes pour prendre conscience de vous et de la sécurité que vous pouvez vous apporter : se coucher à la même heure chaque soir ; se réveiller à la même heure chaque matin ; prendre vos repas lorsque vous avez faim et écouter cette sensation attentivement.
- Revisiter les lieux où vous avez grandi pour vous les approprier de façon positive.
- Si c'est possible, choisissez un lieu de vie qui vous corresponde vraiment et faites en sorte de vous y installer durablement.
- Prendre le temps de manger assise à table et de faire de certains repas de vrais moments de famille ; cuisiner ensemble.
- Éviter les emprunts, les dettes, et également les dettes symboliques.
- Commencer à économiser de l'argent, même de toutes petites sommes, de façon régulière.

5 AFFIRMATIONS À CHOISIR SELON VOS RESSENTIS :

Je suis exactement où je dois être.

Mon corps est soutenu par l'énergie de la Terre.

Mon corps connaît mes besoins et m'aide à y répondre.

Je prends soin de mon corps.

Je suis bien ancrée et reliée au sol.

COMMENT NOURRIR LE CHAKRA RACINE

Mettez en contact l'extrémité de vos pouces et de vos index.

Concentrez-vous sur le chakra racine au niveau du périnée.

Prononcez la syllabe LAM.

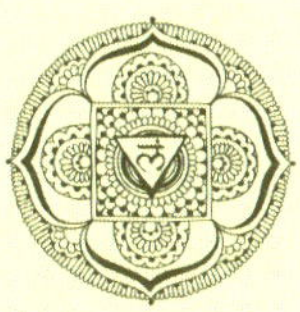

2.

LE CHAKRA SACRÉ {JE SENS}

CARTE D'IDENTITÉ

Nom sanskrit : *Swadhisthana Chakra* (*swad* signifiant « doux » et *stahana*, la « place »).

Couleur : orange.

Localisation : à 5 cm (ou deux doigts environ) sous le nombril.

Organes associés : organes sexuels, donc également la reproduction, ovaires, mais aussi appareil urogénital et reins.

Activité essentielle : la fécondité et la reproduction. Il renvoie à l'instinct et à l'énergie sexuelle.

Intention : « Je sens ».

Aspiration : le respect de soi.

Élément de référence : l'eau.

Sens dominant : le goût.

Sens spirituel : la force vitale.

Force de vie : faire venir au monde un projet, un enfant, une création, une œuvre d'art.

Divinité féminine : Rakini, gardienne à deux têtes, qui détient la clé de l'équilibre entre une tête qui symbolise la stabilité et une autre qui symbolise la fluidité. Elle incarne la matérialisation des rêves dans le réel.

LE CHAKRA DU DÉSIR

Premier chakra horizontal, le chakra sacré est la deuxième étape de circulation de la force vitale et il travaille à son expression. C'est le centre de la communication corporelle et non verbale, de son expression vitale et aussi sexuelle, qui vont de pair dans la tradition hindoue et tantrique. Il nous permet plus généralement d'exprimer l'ensemble de nos capacités créatives, qu'elles soient concrètes ou plus symboliques comme la fécondité, la sexualité, ou toutes les formes de gestation (projets personnels ou création entrepreneuriale par exemple).

Ce chakra a donc une influence sur les organes sexuels, les reins, la vessie, les ovaires et les cycles menstruels. Sa sphère d'influence se situe également au niveau des liquides corporels, ceux qui transmettent la vie comme le sang, mais aussi l'urine, les sécrétions vaginales, la lymphe, les larmes, la salive, le liquide cérébro-spinal.

Il est lié à la joie de vivre ainsi qu'à la sexualité et au désir d'aller de l'avant. Il correspond à la procréation, aux émotions et aux sentiments envers les autres. Le chakra sacré est associé à la communication du corps vers son monde intérieur, à ce dont le corps a besoin, ce qui lui procure du plaisir. C'est à travers ce chakra que votre soi profond s'épanouit. Alors que le chakra racine concerne ce qui est de l'ordre du besoin, le chakra sacré est celui du désir.

Sa fonction est également de vous faire prendre conscience de toutes les possibilités de prendre du plaisir et de faire plaisir à ceux qui vous entourent. Il éveille vos sens et vous permet d'être attentive au merveilleux de votre vie, à stimuler vos ressentis d'émerveillement et de gratitude.

Le chakra préféré de Louison, psychothérapeute en thérapie psycho-corporelle

La compréhension du fonctionnement de ce chakra a été un moment clé de ma vie. Célibataire endurcie, détestant mon corps, je le cachais en permanence à la plage ou dans toute situation qui pouvait impliquer de le mettre en avant (fête, sport, danse, etc.). Je pensais sincèrement que personne ne s'intéressait à moi, que personne ne cherchait à me séduire, et que c'était bien normal puisque je n'étais pas désirable ! Parallèlement, je voulais désespérément réaliser mon projet d'installation en profession libérale mais toutes les opportunités qui se présentaient finissaient en échec, car je ne cessais de trouver des défauts qui n'étaient probablement que des prétextes… Puis j'ai commencé à travailler ce mystérieux chakra sacré. Un souvenir est remonté, puis deux, trois. La mémoire de tout ce qu'il avait subi de douloureux a émergé. Son défaut d'énergie m'a montré ce qui avait besoin d'être profondément soigné dans ma vie. Petit à petit mon regard sur ma créativité, mes projets et mon désir au sens large (jusqu'à ma sexualité !) a changé et j'ai perçu ma vie différemment.

Comme il est lié au désir, il permet également de soutenir la réalisation de vos rêves en les amenant dans le réel de notre vie. Il cherche à développer vos ressources créatives pour produire ou favoriser la création de ce que vous désirez.

Lorsque le chakra sacré est équilibré, la femme comprend l'importance du plaisir, écoute son désir, assume son plaisir dans le jeu, la sexualité, la création et tout simplement son plaisir d'être en vie. Elle prend donc le temps de créer les conditions favorables pour y parvenir. Elle ressent une meilleure estime d'elle-même, une plus grande ouverture d'esprit ; elle est plus spontanée, plus créative et sa vie sexuelle est harmonieuse.

➤ Pourquoi renforcer le chakra sacré ?

Améliorer l'énergie du chakra sacré permet d'avoir plus de vitalité, de sensibilité et de créativité. Il accroît votre capacité à exprimer vos émotions de manière saine. Vous pouvez alors vous exprimer plus et mieux sans craindre le rejet. Vous n'avez plus besoin de recourir à la manipulation ou à des modes d'expression passifs-agressifs.

Lorsque l'énergie de ce chakra est équilibrée et circule librement, vous entrez dans une dynamique de changements souhaités sans les ralentir, les paralyser, ou faire machine arrière dès qu'ils commencent à s'amorcer. Vous développez aussi la conscience de soi dans la sexualité pour prendre du plaisir sans culpabilité, inhibition ou retenue. Il vous permet aussi de cultiver votre sentiment de réalisation personnelle à bon escient à travers l'ambition, dans le sens positif de ce terme.

Le chakra sacré est également celui qui permet de réguler le rapport que nous entretenons avec notre corps physique. Lorsque nous ne l'aimons pas, que nous le tyrannisons ou le détestons, que nous le négligeons ou nous en détournons, notre relation avec lui devient douloureuse, inexistante, difficile ou parfois excessive. Il est alors important d'équilibrer le deuxième chakra afin que les sensations de plaisir, de désir, d'appétit et de joie de vivre dans la douceur, éventuellement la sensualité et le calme, puissent être réactivées. Dans la continuité de cette spécificité, il régit votre rapport à l'intimité dans un sens plus global. Lorsque vous avez des difficultés à vous confier, à être approchée émotionnellement, lorsque vous vous sentez envahie par le désir d'intimité de l'autre, vous êtes probablement en faiblesse d'activité du chakra sacré.

L'énergie de ce chakra est symbolisée par le mouvement de l'eau. Elle est cette capacité à se mouvoir qui vous autorise à bouger et à changer. Elle s'exprime dans la sensation d'être en équilibre entre vos aspirations et vos réalisations ; dans l'équilibre entre le donner et le recevoir des relations interpersonnelles.

À SAVOIR

Ce chakra est souvent déstabilisé à la puberté, car c'est la période de l'éveil sexuel.
S'il est inhibé ou ralenti, cela peut entraîner des peurs et un manque d'initiative et d'intuition.

➤ Les causes de son déséquilibre

Le chakra sacré s'affaiblit lorsque vos besoins ne sont pas satisfaits ou que votre survie est menacée. En effet, il est presque impossible de prendre du plaisir lorsque notre sécurité de base n'est pas assurée. Ces vécus peuvent vous amener à chercher à manipuler les autres, ou à faire du chantage affectif en raison de grandes peurs et donc d'un grand besoin de contrôle. Ce chakra trouve presque toujours les causes de son déséquilibre dans des vécus de frayeur sur lesquels aucun mot n'a été posé, aucun sens n'a été donné, et qu'en conséquence vous n'avez pas pu métaboliser.

➤ Les manifestations physiques de son déséquilibre

- Des troubles gynécologiques (troubles des règles, endométriose, grossesse extra-utérine, infertilité ou hyperfertilité par exemple).
- Des douleurs au ventre, aux reins.
- Des troubles sexuels importants (anorgasmie, vaginisme, absence de désir, douleurs importantes).
- Des raideurs dans le corps liées à la peur, ce qui crée une contracture.

➤ Les manifestations émotionnelles de son déséquilibre

- Être déconnectée de son corps : le négliger ou l'épuiser ; être souvent dissociée.

- Être extrêmement introvertie, dans l'incapacité d'exprimer corporellement ses émotions.
- Une tendance à la déprime.
- Une attitude rigide, des limites trop contraignantes.
- Une peur démesurée du changement.
- Une forte dépendance sexuelle ou affective.
- Être très possessive ou exclusive.
- Ne pas s'autoriser de petits plaisirs, avoir un sens du devoir trop exacerbé.
- Être déconnectée de sa sensualité en étant incapable de lâcher prise, et donc de vivre des orgasmes.
- Être trop dépendante du mental et du rationnel et refouler ses émotions.
- Ne pas s'accorder de temps de récupération, de détente, d'oisiveté ou de loisirs.
- Être inhibée dans sa créativité, avoir honte de ses productions artistiques, ne pas pouvoir se laisser aller à créer sans objectif et être trop dure avec soi-même, chercher à être trop perfectionniste ou trop réaliste.
- Avoir une petite fille intérieure contrainte, manquer de spontanéité, de liberté de réaction.
- Éprouver un manque de vitalité et de joie de vivre.
- Ne pas savoir répondre à ses besoins de confort, de chaleur, de rassasiement ou de beauté.

➤ Comment travailler son énergie ?

Toutes les activités qui comprennent le jeu et la recherche de plaisir sont indispensables à l'épanouissement du chakra sacré. Chercher à s'amuser, à jouer au sens littéral du terme, à rire, à introduire des moments de légèreté, prendre plaisir à une sexualité sécure et libre peuvent être des pistes pour augmenter l'énergie de ce chakra et bénéficier de ses capacités de créativité et de fertilité au sens large.

9 OUTILS POUR ÉQUILIBRER LE CHAKRA SACRÉ

- **Les huiles essentielles qui le stimulent** : jasmin, rose, bois de santal.
- **Les élixirs de Bach qui favorisent son fonctionnement** : Pommier sauvage, Orme, Chêne, Églantine.
- **Les pierres d'accompagnement** : cornaline, pierre de soleil, topaze impériale, ambre, agate, howlite, œil de taureau.
- **Les aliments bénéfiques** : orange, clémentine, kaki, graines de courge, butternut, citrouille, kéfir de fruits.
- **Les postures de yoga qui aident à le renforcer** : le croissant de lune, l'accroupissement de la déesse, le poisson, le pont.
- **Les vêtements, accessoires, bijoux, objets de décoration** : à choisir de couleur orange.
- **Les sons qui le stimulent** : les bruits d'eau.
- **La note et la fréquence binaurale d'accompagnement** : le *ré* et 417 Hz.
- **La syllabe sacrée** : VAM.

■ 9 PROPOSITIONS D'ACTIVITÉS PRATIQUES

- Faire des activités de plaisir sans objectif particulier, sans recherche d'utilité.
- Prendre des temps de pause ou de vacances avec un programme dédié au farniente.
- Danser : cette activité vous reconnecte à votre sensualité, à l'expression féminine du plaisir dans son corps et du mouvement.
- Se préparer des aliments très bons et, si besoin, chers en toute petite quantité, les savourer.
- S'offrir des cadeaux sans aucune raison particulière.
- Programmer des visites chez les soignants qui vous permettent de prendre soin de vous, faire un « calendrier thérapeutique » et prendre tous les rendez-vous que vous avez laissé traîner.
- Dessiner des corps de femmes nues, réaliser des petites créations photographiques, sculptées ou dessinées qui vous évoquent la sensualité.
- Organiser une fête.
- Créer de nouvelles traditions permettant de porter une attention particulière à des événements familiaux (anniversaires, moments du week-end – par exemple le dimanche soir – certaines vacances, etc.).

EXERCICE POUR RENFORCER LE DÉSIR ET LA CRÉATIVITÉ

Mettez-vous à genoux, fesses aux talons, ou asseyez-vous confortablement en tailleur.
Posez les mains sur votre ventre.
Inspirez et expirez lentement en comptant jusqu'à dix.
Recommencez 3 fois et sentez votre ventre se gonfler et se dégonfler à chaque respiration.
Ensuite, à chaque inspiration poussez l'air tout au fond de vos poumons et sentez votre ventre se gonfler.
Visualisez que vous inhalez de la lumière douce et orange.
Continuez cet exercice en visualisant votre chakra sacré, scintillant de sa lumière orange et de ses nouvelles vibrations.

■ 7 PROPOSITIONS DE CHANGEMENTS PSYCHO-ÉMOTIONNELS

- Mettre en place des stratégies d'adaptation aux changements, réfléchir à vos projections négatives et les remplacer par des visualisations plus positives.
- Se séparer ou s'éloigner des personnes toxiques, celles qui critiquent, font des reproches au sujet de tout et de tout le monde. Si vous avez vous-même cette tendance, surveillez et maîtrisez les mots que vous prononcez sur vous-même et sur les autres.
- Prendre le temps de savourer ce que la vie vous offre, d'essayer de nouvelles choses, de rencontrer de nouvelles personnes, de goûter de nouvelles saveurs.

- Développer un regard plus bienveillant sur son corps et sur sa sexualité en se parlant avec bienveillance, en cessant de focaliser sur les points négatifs pour se sentir heureuse de voir ce qui est beau, féminin et sensuel en vous.
- Observer et faire cesser les moments où vous êtes tentée d'obtenir ce que vous voulez par la manipulation ou le chantage affectif. Recherchez plutôt l'autonomie dans la réponse à vos besoins et la sincérité dans l'échange et l'expression.
- Assimiler que vous aimez les personnes qui vous entourent en toute connaissance de leurs imperfections, comme vous êtes aimée aussi avec les vôtres : cela vous autorisera à être authentique.
- Comprendre que de multiples contradictions coexistent en vous et dans les personnes qui vous entourent ; ne cherchez plus à opposer les contraires, autorisez les autres à être différents et vous-même à faire des erreurs.

■ 6 AFFIRMATIONS À CHOISIR SELON VOS RESSENTIS

Je m'adapte aux situations qui se présentent avec souplesse.

J'ai confiance en l'énergie de la vie.

Je sais trouver la joie dans des petits bonheurs.

J'ai du plaisir à prendre soin de mon corps.

Je laisse s'épanouir ma sensualité.

J'aime prendre du plaisir et en donner.

COMMENT NOURRIR LE CHAKRA SACRÉ

Mettez vos mains l'une sur l'autre sur vos cuisses, paumes vers le haut.

Main gauche dessous, sa paume touchant le dos des doigts de la main droite. Mettez doucement en contact le bout des pouces.

Concentrez-vous sur le chakra sacré.

Prononcez la syllabe VAM.

3.

LE CHAKRA SOLAIRE {JE VEUX}

CARTE D'IDENTITÉ

Nom sanskrit : *Manipura Chakra* (*mani* signifie « joyau », et *pura*, la « cité »).

Couleur : le jaune.

Localisation : entre le nombril et la cage thoracique, au niveau du plexus.

Organes associés : pancréas, estomac, foie, intestin.

Activité essentielle : le mouvement et le transport. Il incarne notre capacité à assimiler les événements de la vie.

Intention : « Je veux ».

Élément de référence : le feu.

Aspiration : l'acceptation de soi.

Sens dominant : la vue.

Sens spirituel : la force vitale.

Force de vie : vous permettre de digérer et d'intégrer tout ce que vous absorbez (matériel ou symbolique), l'alimentation tout autant que les émotions ou les événements de la vie.

Divinité féminine : Lakini, au corps à la couleur de l'or fondu, scintille comme un joyau précieux. Elle déploie ses bénédictions qui permettent aux humains de réussir. Elle possède quatre mains : l'une tient le feu et envoie la purification, l'autre envoie sa bénédiction, la troisième tient un éclair qui représente l'énergie de la nature et la dernière une flèche symbolisant le désir d'atteindre ses objectifs.

LE CHAKRA DE LA TRANSFORMATION

Considéré comme le centre émotionnel du corps, ce chakra est la porte des émotions, au carrefour de toutes les énergies du corps, physiques et psychiques. Alors que le chakra racine est la porte d'entrée de l'énergie et que le chakra sacré représente l'expression de celle-ci, le chakra solaire gère et régule l'énergie vitale reçue dans l'ensemble du corps. Comme dans la digestion physiologique, il convertit ce que l'on absorbe, ce qui nous nourrit et/ou qui nous est enseigné (aliments ou émotions) en une forme plus intégrée, et donc plus efficace à nous transformer.

Il impulse la force personnelle : non comme un rapport de force mais comme le pouvoir d'être réellement soi. Lorsque ce chakra fonctionne de façon fluide, nous renonçons à essayer de changer les autres, ou à intervenir dans des situations qui ne sont pas de notre ressort. Nous accordons aux autres le même libre arbitre que nous nous autorisons à nous-mêmes. Nous pouvons alors comprendre ce qui est, et ce qui n'est pas, dans notre sphère d'influence. C'est le siège de la personnalité et du charisme.

Le chakra préféré de Saskia, lithothérapeute et aromathérapeute

Le chakra solaire est mon préféré car il me révèle à moi-même et il me révèle au monde. Il me permet de prendre ma place en respectant ma sensibilité. J'aime ce qu'il dit de ma force de vie singulière, de ma personnalité. Il est le filtre de mes ressentis. Il intègre en profondeur les enseignements de la vie, ce que m'apportent mes relations et il me permet d'en faire une ressource dans de multiples circonstances. J'apprends à comprendre ses messages en me reliant à lui lorsque je sens qu'une situation ou une relation ne me convient pas. Il me donne la force de dire ce que je veux et ce que je ne veux pas.

Lorsque le chakra solaire est équilibré, il vous situe à votre juste place. Vous reconnaissez votre singularité, et vous la respectez. Votre place au sein de la famille et de la collectivité peut alors se prendre naturellement, sans violence, sans tiraillement, sans culpabilité et sans conflit. Lorsque vous vous affirmez sans heurts, votre personnalité se stabilise et la confiance peut s'installer, en vous et en l'autre.

Ce chakra est essentiel pour les femmes et il n'est pas rare qu'il manque d'énergie. En effet, pour des raisons historiques, culturelles et transgénérationnelles, les femmes ont intégré le rapport de domination que les hommes ont tendance à exercer sur elles. Il est rare qu'elles soient positionnées de façon juste et spontanée. Elles prennent leur place progressivement, grâce à la compréhension des enjeux relationnels de leur histoire et à l'épanouissement de leur puissance féminine. Lorsque votre volonté est contrée par les personnes qui vous entourent ou que vous la bridez vous-même pour ne pas « déranger », ou parce que l'on ne vous autorise pas à exprimer vos besoins et vos désirs, un blocage du plexus se crée, accompagné d'un sentiment d'impuissance plus global, qui peut se maintenir dans le temps. Idéalement, votre force de vie devrait pouvoir circuler entre votre volonté et votre capacité à vous projeter positivement dans le monde. Lorsque ce chakra est bloqué parce que votre expression est réprimée, il se transforme en barrage, retenant les sentiments, les désirs, les besoins et les pulsions, qui finissent souvent par exploser à l'occasion de crises émotionnelles.

Lorsque vous apprenez à fonctionner en équilibre avec ce troisième chakra, vous pouvez vous poser, ainsi qu'aux autres, des limites saines en vous respectant et en vous faisant respecter. Il consolide votre volonté et votre assurance. Cette solidité vous permet de sentir de la force, d'être mieux organisée, de concrétiser vos projets et de rendre possibles vos succès. Comme ce chakra permet l'assimilation des limites, il vous donne la possibilité de persévérer, mais également de savoir quand vous devez abandonner avant de vous épuiser ou de vous ruiner, matériellement ou symboliquement.

À SAVOIR

L'énergie du plexus solaire devient très prononcée pendant l'adolescence. Lorsque le plexus solaire se renforce, nous développons notre adulte intérieur[5]. Cette démarche nous prépare à comprendre nos limites mais aussi à acquérir notre autonomie et notre place dans la société. Il permet de prendre des décisions indépendamment du désir des parents. Ainsi, ce centre énergétique offre la responsabilité d'accéder aux prises de responsabilité de sa vie et de mise en œuvre de son accomplissement personnel. Nous comprenons alors que nous sommes seules responsables de notre bonheur et de notre succès ; que nous avons le pouvoir de diriger le cours de nos vies à travers nos actions, nos comportements, et nos choix.

➤ Pourquoi renforcer le chakra solaire ?

Le chakra solaire fournit le pouvoir de transformation qui permet au corps et au mental de mettre en œuvre les changements que vous souhaitez. Il convertit ce que l'on absorbe et l'intègre en une forme utilisable, que ce soit des aliments ou des connaissances, ou encore l'amour, et même les émotions. La qualité de son fonctionnement détermine la manière dont on voit le monde, et dont on perçoit notre place au sein de celui-ci.

5. De la même auteure : *Prendre soin de son adulte intérieur*, Éditions Eyrolles, 2019.

➤ Les causes de son déséquilibre

- Avoir grandi avec un parent dominateur et/ou manipulateur.
- Avoir été contrainte de se soumettre aveuglément à une autorité que vous considériez non légitime ou injuste.
- Avoir été contrainte de « faire plaisir » pour être « sage ».
- Avoir vécu des relations abusives.
- Avoir fait partie d'une organisation, d'une association, d'un mouvement religieux ou d'une famille qui vous a demandé d'obéir à des règles sans vous en donner le sens et sans vous autoriser à ne pas les respecter si vous ne les trouviez pas pertinentes pour vous.

➤ Les manifestations physiques de son déséquilibre

- Avoir souvent besoin de stimulants ou de caféine pour trouver de l'énergie.
- Souffrir d'épuisement nerveux ou physique fréquemment en raison de l'impossibilité à écouter ses limites.

➤ Les manifestations émotionnelles de son déséquilibre

- Des explosions de colère : l'incapacité à affirmer ses limites peut finir par provoquer un sentiment de rage à force d'accumulations.

- Une peur exagérée d'être contrôlée ou manipulée, une méfiance permanente.

- Une tendance à se défendre par des attaques personnelles.

- À l'inverse, un comportement passif consistant à ne pas savoir se protéger soi-même, et par conséquent laisser les autres prendre trop d'ascendant.

- Prendre plaisir au pouvoir et l'exercer parfois de façon injuste.

- Avoir tendance à développer des comportements victimaires en ne prenant pas la responsabilité de votre vie et de ce qui s'y produit ; ou, au contraire, prendre trop de responsabilités dans la vie des autres ou à la place des autres.

- Se sentir totalement impuissante, de manière régulière.

- Être encline à imposer ses idées aux autres ou au contraire à être trop docile et effacée.

- S'excuser en permanence, sans que cela soit justifié, parfois même à la place de l'autre.

- Ne pas savoir comment sortir d'une relation qui ne vous épanouit pas ou dans laquelle vous vivez des humiliations, une privation de liberté.

➤ Comment travailler son énergie ?

Toutes les activités qui vous permettent de prendre votre place et de vous affirmer vont alimenter l'énergie du chakra solaire. Faire du théâtre, de l'improvisation, danser, se faire prendre en photo ou se faire filmer pour ajuster son positionnement physique, exercer sa voix, sa diction, acquérir une palette plus large de vocabulaire, en particulier dans le champ émotionnel, et bien sûr, exprimer ses émotions et ses ressentis.

9 OUTILS POUR ÉQUILIBRER LE CHAKRA SOLAIRE

- **Les huiles essentielles qui le stimulent** : vétiver, bergamote, ylang-ylang.
- **Les élixirs de Bach qui favorisent son fonctionnement** : Tremble, Charme, Mélèze, Étoile de Bethléem.
- **Les pierres d'accompagnement** : citrine, œil-de-tigre, jaspe jaune, pyrite, calcite miel, opale jaune.
- **Les aliments bénéfiques** : graines de tournesol, poivron jaune, graines de chia, sésame.
- **Les vêtements, accessoires, bijoux, objets de décoration** : à choisir de couleur jaune.
- **Les postures de yoga qui aident à le renforcer** : le triangle inversé, la torsion assise, la torsion spinale, la torsion abdominale.
- **Les sons qui le stimulent** : la musique qui évoque le soleil, la plénitude, le rayonnement.
- **La note et la fréquence binaurale d'accompagnement** : le *mi* et 528 Hz.
- **La syllabe sacrée** : RAM.

■ 5 PROPOSITIONS D'ACTIVITÉS PRATIQUES

- Suivre des cours d'autodéfense ou d'arts martiaux comme l'aïkido.
- Participer à des ateliers de prise de parole en public ou tout autre exercice qui alimente l'affirmation de soi.
- Imaginer, lorsque vous vous trouvez dans une situation ou une conversation difficile, que votre chakra du plexus solaire s'agrandit jusqu'à ce qu'il se trouve à quelques centimètres à l'extérieur de votre corps.
- Apprendre à modifier votre posture pour augmenter votre confiance en vous : marcher avec la cage thoracique ouverte et la tête relevée, vous asseoir dos droit, sans croiser les jambes ou les bras, dans une attitude d'affirmation et d'ouverture.
- Travailler votre maintien en ostéopathie ou chiropractie ou toute autre thérapie posturale.

EXERCICE DE LA SALUTATION AU SOLEIL

Efforcez-vous de passer d'une position à l'autre de façon fluide et sans à-coups.

1. Commencez par la posture de la montagne en tenant vos mains en position de prière.
2. À l'inspiration, cambrez le corps vers l'arrière.
3. Tout en expirant, relâchez totalement votre corps vers l'avant.
4. À l'inspiration, tendez la jambe droite vers l'arrière.
5. À l'expiration, tendez les deux jambes vers l'arrière et retenez votre respiration.

6. Toujours en retenant votre respiration, posez les genoux, la poitrine et le menton au sol.
7. À l'inspiration, cambrez-vous en adoptant la posture du cobra.
8. À l'expiration, redressez-vous en V inversé (posture de la montagne).
9. À l'inspiration, amenez le pied droit vers l'avant.
10. À l'expiration, ramenez le pied gauche à hauteur du pied droit et relevez-vous lentement.
11. Reprenez le même enchaînement en tendant, à partir de la position 4, la jambe gauche vers l'arrière.

N.B. : cet enchaînement de postures de yoga peut contribuer à l'harmonisation de l'ensemble des chakras.

■ 7 PROPOSITIONS DE CHANGEMENTS PSYCHO-ÉMOTIONNELS

▪ Travailler sur l'affirmation de soi. Si vous cherchez en permanence à faire plaisir aux autres, prenez l'habitude d'ajourner vos réponses. Ne pas dire « Oui » avant d'avoir laissé passer une nuit par exemple. Cela vous laisse le temps d'éprouver si ce qui vous est proposé vous correspond vraiment.

▪ S'entraîner à dire « Non ». Ne vous contentez pas d'une chose qui ne vous convient pas. Même si vous avez peur de créer des problèmes, ou que la solution au final sera quand même celle mise en place, vous avez le droit de dire ce que vous en pensez vraiment.

▪ Ne pas avoir peur de votre colère. C'est l'émotion qui vous permet de comprendre qu'une limite a été franchie vis-à-vis de vous, que vous ne vous sentez pas respectée. Elle est donc extrêmement importante et utile, car elle renvoie à sa place la personne qui a dépassé cette limite. Si vous explosez, c'est que vous auriez dû vous exprimer plus tôt face à une attitude abusive ou répétée, et que vous n'avez pas été entendue ou que vous n'avez pas su poser clairement et calmement les limites. Cela peut être également lié très souvent au fait que vous exprimez vos peurs en utilisant la colère.

- Respecter le libre arbitre de chaque personne, développer votre confiance en les capacités de chacun de choisir ce qui lui convient et de surmonter les épreuves. Estimez que *toute demande non formulée n'existe pas*. Cela vous permet d'éviter de « sauver » ceux qui vous entourent, entraînant par là des effets de rancune à votre égard, de dette insupportable ou d'incapacité à changer par soi-même. Accordez aux autres de l'espace et la responsabilité de changer leur vie.
- Couper les liens avec les personnes toxiques de votre entourage ou qui cherchent à exercer une emprise sur vous.
- Prendre conscience de votre place singulière dans la vie et dans l'univers, avec la confiance qu'elle est juste et que vous avez les ressources pour vous réaliser.
- Prendre plaisir à vous respecter en écoutant vos propres limites, vos moments d'épuisement, le besoin de ne rien faire, ou rien d'utile. Respectez les temps de repos et de récupération et n'acceptez plus d'entreprendre des activités qui vous épuisent.

■ 6 AFFIRMATIONS À CHOISIR SELON VOS RESSENTIS

J'affirme la puissance du féminin en moi.

J'assume ma responsabilité à épanouir chaque domaine de ma vie.

J'intègre avec joie les défis de la vie.

J'enrichis ma vie de mon courage et de ma confiance.

Je vais à la rencontre du monde avec audace et agilité.

Je rayonne de joie.

COMMENT NOURRIR LE CHAKRA SOLAIRE

Mettez vos mains devant votre estomac, légèrement au-dessous de votre plexus solaire.

Tendez bien les doigts droit devant vous et laissez-les se joindre. Croisez les pouces. Concentrez-vous sur votre troisième chakra situé un peu au-dessus du nombril.

Prononcez la syllabe RAM.

4.

LE CHAKRA DU CŒUR {J'AIME}

CARTE D'IDENTITÉ

Nom sanskrit : *Anahata Chakra* (*anahata* signifie « inaudible »). Il fait référence aux sons subtils, qui ne sont pas entendus par les organes physiques mais par notre cœur.

Couleur : le vert.

Localisation : entre les omoplates, légèrement à gauche du sternum.

Organes associés : zone thoracique, poumons, thymus, système immunitaire et, bien sûr, cœur.

Activité essentielle : le travail manuel, nécessaire à son équilibre. Il renvoie à l'équilibre émotionnel et symbolise la confiance en soi et la paix intérieure.

Intention : « J'aime ».

Aspiration : le mouvement.

Élément de référence : l'air.

Sens dominant : le toucher.

Sens spirituel : l'amour, mais aussi plus largement, la bienveillance authentique, la bonté et l'affection.

Force de vie : permettre aux nutriments venant de l'air, de la peau, des idées et, bien sûr, de l'alimentation d'être transportés là où ils sont nécessaires.

Divinité féminine : Kakini tient dans une de ses mains un trident, montrant qu'elle garde en équilibre les trois aspects de la nature. Son énergie prépare à surmonter les obstacles.

LE CHAKRA DE LA MÉDIATION

Le chakra du cœur est le chakra central. C'est par ce centre énergétique que l'on ressent l'amour de soi, l'amour pour les autres, la paix intérieure, la compassion, la sympathie, l'indulgence, le pardon, et la confiance mais c'est aussi à travers lui que l'on peut vivre la tristesse, la douleur, le sentiment d'abandon, de rejet ou de trahison. Il est le lieu intime où nous prenons conscience de nous sur le plan de la sensation et où nous nous aimons.

Le chakra du cœur a une place essentielle : il est au centre du corps. C'est donc le pont, ou le médiateur, entre les chakras supérieurs et inférieurs. Les trois chakras inférieurs, fondés sur la Terre, concernent nos besoins (chakra racine), nos désirs (chakra sacré) et notre place (chakra solaire). Les trois chakras supérieurs sont en lien avec notre part spirituelle et l'expression de soi par l'intuition et l'intelligence.

Le cœur, c'est aussi l'air et la respiration ! Ce chakra vous apprend le lâcher-prise et insuffle un souffle de vie qui vous permet d'avancer de manière plus légère et avec une plus grande liberté. Il vous enseigne aussi que si vous êtes en vide d'énergie, que vous n'avez plus de ressources d'air et de vie, vous ne pouvez plus donner aux autres à partir du cœur. Vous vous sentez alors épuisée, irritée, à cran. Cette sensation traduit souvent que vous n'avez pas écouté vos besoins ou que vous n'avez pas fait attention à être suffisamment nourrie en amour avant d'en donner.

L'activation de ce chakra développe de nombreuses ressources et capacités. Je suis convaincue que la préoccupation pour le soin est une extension du désir de comprendre, qui est lui-même une extension de la capacité à aimer. Fondamentalement, ce qui guérit est la capacité du thérapeute à aimer sans attente, sans jugement, dans une acceptation radicale sans questionnement ni doute, sans point de vue sur ce que devrait penser, sentir ou, encore moins, faire son patient. Les infirmières, les sages-femmes, les médecins, et des milliers de professionnels du *care* sont probablement des individus ayant un chakra du cœur très développé.

Le chakra préféré de Cathy Collot, sinopraticienne et relaxologue

Mon chakra préféré est celui du cœur parce qu'il me met en relation intime avec moi-même, mon ressenti et avec la vie. C'est à partir de ce centre que je peux vivre une relation de confiance et de joie, celle de l'enfant innocent qui se livre spontanément aux jeux de l'expérience incarnée et qui, quelle qu'elle soit, me fait me sentir toujours reliée à l'incroyable et infini mystère du vivant.

Lorsque le chakra cœur est équilibré, il permet de vivre pleinement et harmonieusement : nous traversons les expériences dans un état de pleine conscience et de confiance. Il nous aide à trouver un équilibre émotionnel dans la sensibilité de notre cœur sans nous exposer démesurément ou injustement. Il nous enseigne l'estime de soi et nous aide à nous détacher des rivalités et des relations de dépendance affective tout en maintenant une très grande ouverture aux autres. C'est en ce sens que le chakra du cœur représente symboliquement, et dans toutes les illustrations de l'Inde ancienne, la source de l'amour universel. Une fois équilibré, ce chakra devient une ressource inestimable, permettant de donner de l'amour envers soi-même, mais aussi envers la vie et les autres.

L'air, l'élément associé à ce chakra, est le moins tangible de tous les éléments. Pourtant, des milliers de fois par jour, nous y avons recours de façon totalement inconsciente. C'est la même chose en ce qui concerne l'amour. Nous le considérons peu tangible mais nous avons un besoin immodéré de le donner autant que de le recevoir (c'est la symbolique de l'inspir et de l'expir).

➤ Pourquoi renforcer le chakra du cœur ?

Pour développer la confiance en vous et en la vie. C'est aussi le chakra de l'espoir et du lien, donc de vos projections constructives, de tout ce que vous souhaitez vivre positivement dans le domaine relationnel, affectif, amoureux. Il vous rend capable d'accepter ce que la vie peut vous offrir et permet l'expression de votre amour pour les autres de façon désintéressée et sans retenue.

Quand le chakra du cœur et le chakra solaire sont déséquilibrés en même temps, vous pouvez vivre une sensation de danger à l'idée de vous livrer aux gens et de leur faire confiance.

➤ Les causes de son déséquilibre

▪ C'est le chakra le plus directement affecté par les cinq blessures fondamentales de l'enfance dont parle Lise Bourbeau dans son ouvrage, *Les 5 blessures qui empêchent d'être soi-même*. Le plus souvent, vous avez subi enfant des blessures d'abandon, de rejet, d'injustice, d'humiliation ou de trahison entraînant la mise en place d'une carapace presque inviolable qui protège vos sentiments et vous interdit de vous engager, d'avoir confiance, de vous livrer, de baisser la garde en aucune façon.

▪ Les traumatismes ou la maltraitance peuvent mener à une impossibilité à ressentir ses propres émotions et à comprendre celles des autres. Les hommes en particulier, en raison de leur conditionnement éducatif, ont souvent été privés d'expression émotionnelle, ce qui empêche leur capacité à accéder à celle d'autrui. Bien des femmes sont également concernées. Parfois parce qu'elles ont été élevées par des pères qui n'autorisaient pas cette expression, ou par des mères elles-mêmes élevées par un père dont les propres parents ont fait taire l'énergie du cœur. Ces blessures lourdes sont souvent transgénérationnelles. Pour changer votre vie mais aussi le monde, il est indispensable de rompre avec ces fonctionnements, d'autoriser l'expression du cœur et de la sécuriser en soi et pour les personnes qui vous entourent.

➤ Les manifestations physiques de son déséquilibre

- Asthme.
- Maladies respiratoires.
- Troubles cardiaques (arythmie).
- Problèmes circulatoires.
- Pneumonie chronique.
- Hypertension.

➤ Les manifestations émotionnelles de son déséquilibre

- Une fermeture du cœur, une incapacité à comprendre les émotions des autres et les siennes.
- Une sensation de carapace autour du cœur et de soi tout entière, l'incapacité à se confier, à avoir confiance dans l'intimité partagée.
- Une impossibilité à recevoir des compliments, des paroles valorisantes ou de soutien.
- Être démesurément centrée sur ses erreurs ou ses échecs ainsi que ceux des autres, être très critique.
- Se sentir supérieure, avoir tendance à mépriser les fonctionnements différents.
- Des comportements de peur du rejet qui vous poussent parfois à le provoquer, alors même qu'il n'en est pas question dans la relation.

- Une méfiance et du cynisme qui se caractérisent par une impossibilité de confiance.
- Le dénigrement, la détestation de l'autre.

➤ Comment travailler son énergie ?

Par des activités qui renforcent votre confiance et la qualité des liens que vous tissez avec les autres : si vous vous en sentez capable, et que vous êtes suffisamment sécurisée, vous pouvez pratiquer des sports à risque. Le risque étant une notion très variable selon les femmes, cela peut aller du vélo tout-terrain, monter sur la grande roue d'une fête foraine, faire du parapente ou du saut à l'élastique. Toutes les activités qui relèvent aussi de l'implication sociale, de la solidarité ou de l'humanitaire sont également bienvenues pour renforcer votre chakra du cœur, quand elles sont exercées de façon adaptée, c'est-à-dire sans se perdre totalement dans des causes altruistes mais en prenant votre part dans la société. Par exemple, prendre soin des personnes fragiles qui vous entourent, associations caritatives, bénévolat, participation à la vie citoyenne, etc.

9 OUTILS POUR ÉQUILIBRER LE CHAKRA DU CŒUR

- **Les huiles essentielles qui le stimulent** : rose, bergamote, mélisse.
- **Les élixirs de Bach qui favorisent son fonctionnement** : Centaurée, Chicorée, Houx, Chèvrefeuille, Marronnier rouge.
- **Les pierres d'accompagnement** : quartz rose, opale rose, aventurine, rubis sur fuschite, jaspe kambaba, émeraude.
- **Les aliments bénéfiques** : concombre, haricots verts, coriandre, persil, verveine.
- **Les vêtements, bijoux, objets de décoration, accessoires** : à choisir de couleur verte.
- **Les postures de yoga qui aident à le renforcer** : la prière, le chien museau vers le haut, le chameau, l'arc, la roue, la tête de vache.
- **Les sons qui le stimulent** : les chants d'oiseaux, les battements de cœur.
- **La note et la fréquence binaurale d'accompagnement** : le *fa* et 639 Hz.
- **La syllabe sacrée** : YAM.

■ 4 PROPOSITIONS D'ACTIVITÉS PRATIQUES

- Lire une histoire d'amour, de la poésie, ou regarder un film réconfortant dans lequel des personnages mettent en avant des qualités de cœur subtiles et intelligentes.
- Démarrer chaque journée avec un petit rituel de questionnement à soi : *« Qu'est-ce que je veux vraiment ? Qu'est-ce qui est important pour moi aujourd'hui ? »*

- Rédiger une liste intitulée *Tout ce que j'aime en moi.*
- Demander à trois personnes proches de vous d'écrire cinq raisons pour lesquelles elles vous aiment, des qualités qui sont intrinsèques à vous, non liées à la relation mais à ce que vous êtes authentiquement.

NAMASTE, UN SIGNE DE RECONNAISSANCE

Nama signifie « s'incliner », « *as* » signifie « je », et « *te* » signifie « toi ». *Namaste* (prononcé namasté en français) signifie donc littéralement : « Je m'incline devant toi. » Le geste « namaste » symbolise la conviction qu'il existe une lumière issue du divin en chacun de nous, située dans le chakra du cœur. C'est donc un signe de reconnaissance d'âme à âme. Alors qu'en Occident « namaste » est généralement prononcé en même temps que le geste ; en Inde, le geste lui-même signifie « Je m'incline devant toi », le mot n'est donc généralement pas prononcé.

Voici comment procéder :

Joignez les paumes des mains et placez-les devant le chakra du cœur en fermant les yeux, et en inclinant légèrement la tête en avant.

Vous pouvez également faire le geste en joignant les mains devant le troisième œil, en inclinant la tête et en amenant ensuite les mains devant le cœur. On peut aussi se dire « namaste » à soi-même, et c'est alors une technique de méditation, courte, belle et profonde, nous aidant à aller vers plus d'intériorité, à la rencontre de soi-même, dans le

→

chakra du cœur. Je l'utilise régulièrement dans la journée, lorsque j'ai besoin de me recentrer, de me réaligner, de penser à respirer.

■ 5 PROPOSITIONS DE CHANGEMENTS PSYCHO-ÉMOTIONNELS

▪ Pratiquer une démarche de pardon profond vis-à-vis de vous-même ou des personnes qui vous ont blessée. Vous pouvez par exemple participer à un cercle de pardon, dont la démarche est très simple mais extrêmement puissante. Ou travailler individuellement avec un thérapeute spécialisé dans cet accompagnement.

▪ Faire l'exercice Ho'oponopono (voir p. 202) en récitant régulièrement le mantra pour soi ou pour quelqu'un d'autre.

▪ Favoriser l'expression sécure des émotions, par exemple en psychothérapie, en s'assurant que le travail sur soi ne sera pas orienté sur l'activité de compréhension ou de récit de vie, mais surtout sur ce que vous ressentez, le thérapeute vous accompagnant dans l'expression de ces sentiments.

▪ Couper les liens avec les personnes qui vous interdisent toute expression de vos émotions, et vous interdire de pratiquer vous-même cette censure vis-à-vis de votre entourage.

▪ Apprendre à exprimer de l'amour en disant « Je t'aime ». Se rendre compte, par exemple, à quel point vos capacités de cœur, d'amour et d'affection sont multiples : la sororité ou la fraternité, l'amitié, l'amour envers vos parents, vos enfants, la personne qui partage votre vie.

EXERCICE DE MÉDITATION : « JE SUIS L'AMOUR »

Asseyez-vous confortablement et fermez les yeux.

Imaginez-vous dans une forêt, vous êtes assise, adossée au tronc d'un arbre.

Peu à peu, vous ne faites plus qu'un avec le vert intense des feuilles et vous faites pénétrer cette couleur au plus profond de vous jusqu'au chakra du cœur.

À l'expiration, la lumière verte sort de votre cœur, transportant vos peines et vos douleurs qui retournent à la terre, et vos aspirations profondes montent à travers les branches de l'arbre vers le ciel.

■ 6 AFFIRMATIONS À CHOISIR SELON VOS RESSENTIS

Je me pardonne.

Mon cœur est libéré des croyances et des illusions inutiles.

Mon esprit est aussi infini et aussi libre que l'air.

Je suis en communion avec le vivant.

Je prends soin de moi, comme je prends soin de tout ce qui est vivant et qui m'entoure.

Je porte dans mon cœur la réponse à toutes mes questions.

NOURRIR LE CHAKRA DU CŒUR

Asseyez-vous en position du lotus ou semi-lotus.

Mettez en contact l'extrémité du pouce et celle de l'index.

En plaçant votre main gauche sur le genou gauche, placez également votre main droite sur le plexus solaire.

Concentrez-vous sur le chakra du cœur.

Prononcez la syllabe YAM

5.

LE CHAKRA DE LA GORGE {JE COMMUNIQUE}

CARTE D'IDENTITÉ

Nom sanskrit : *Vishuddha Chakra* (*Vishuddha* signifie « pureté »).

Couleur : le bleu.

Localisation : au creux de la gorge.

Organes associés : cou, gorge et amygdales, œsophage, cordes vocales, glande thyroïde, vertèbres cervicales, bouche (dents et gencives), oreilles et appareil auditif. Il gouverne aussi les bras et les mains, considérés comme de puissants outils de communication.

Activité essentielle : la parole.

Intention : « Je communique ».

Aspiration : l'expression de soi.

Élément de référence : l'éther (ou l'infini).

Sens dominant : l'ouïe.

Sens spirituel : l'intuition.

Force de vie : il vous guide vers vos aspirations et aide à la production du son de votre voix, unique, qui vous rend reconnaissable entre toutes.

Divinité féminine : Shakini, à la peau couleur rose pâle, ouvre la porte de l'univers pour recevoir les dons des facultés psychiques, de la mémoire, de l'intelligence et du talent d'improvisation.

LE CHAKRA DE LA LIBÉRATION

Toutes les formes d'expression de soi sont centrées sur ce chakra, y compris l'expression de sentiments, de désirs, de croyances, d'opinions, de besoins, d'intentions et de pensées. De façon logique, il favorise l'enseignement et l'apprentissage.

Ce chakra est celui qui libère et permet l'expression des énergies provenant du cœur et de l'esprit. Il occupe donc une place essentielle, à une distance équilibrée entre le chakra du cœur et celui du troisième œil. Il permet d'exprimer des paroles de valorisation et des bénédictions sincères, mais aussi une négativité excessive lorsque l'on se sent en vide énergétique à cet endroit. Ce chakra peut bloquer l'expression des sentiments qui viennent du cœur : il peut conduire à agir trop impulsivement s'il n'est pas équilibré ou ressourcé.

Chakra de la communication, il recherche et permet un échange réciproque en déterminant notre capacité à nous exprimer. L'écoute étant un outil de communication tout aussi important que la parole dans la culture indienne, il est primordial que les deux fonctionnent en équilibre. Écouter et parler sont donc pour eux une même dynamique de communication. Ce chakra a d'ailleurs pour sens physique de référence l'ouïe : il permet de cette façon une bonne écoute tant des autres que de soi. C'est grâce à cette particularité qu'il aide à prendre les bonnes décisions et à savoir dire « Non ».

Ce chakra est dépendant de celui du cœur et ne peut fonctionner correctement que si le précédent n'est pas trop encombré ou empêché. Lorsque le cœur dégage son énergie de façon fluide, la parole peut se libérer et la communication devient plus aisée. Le chakra de la gorge devient alors le point d'harmonisation de notre système énergétique. C'est important car il est également un amplificateur : sa vibration est plus puissante que les autres chakras. Une des fonctions principales du chakra de la gorge est de vous faire découvrir la puissance en simplicité d'une communication authentique.

Le chakra préféré d'Isabel, documentariste et photographe

À l'occasion de la découverte d'un dysfonctionnement grave de ma thyroïde, j'ai compris l'existence et l'action du chakra de la gorge. Il m'envoyait le message qu'il fallait que je m'exprime, que j'écoute et que j'assume ce que mon monde intérieur vivait, hurlait en silence, mais n'arrivait pas à se révéler ni à confier à d'autres. C'est le moment où j'ai changé de métier et où j'ai décidé de raconter la vie d'autres personnes que j'admirais afin de passer un message au monde au sujet des valeurs humaines qui comptaient pour moi, et que je voulais partager. Tout en m'endormant avec une musique binaurale dans les oreilles chaque soir, mes réflexions sur mon changement de métier ont pris du sens, et m'ont finalement permis de guérir et d'équilibrer ma thyroïde. J'ai compris que mon être avait besoin de s'exprimer, et que l'essentiel était de trouver le meilleur moyen de le faire pour soi.

Lorsque le chakra de la gorge est équilibré, vous êtes en mesure de communiquer vos idées, vos pensées, vos désirs et vos sentiments de manière efficace, claire et confiante. Vous pouvez alors communiquer avec le cœur et vous affirmer verbalement. Vous comprenez que vos mots ont un pouvoir et un impact sur les autres, et vous les choisissez judicieusement. Vous êtes capable d'expliquer simplement des concepts complexes, apte et encline à la pédagogie, à la transmission des savoir-faire et des savoir-être. De plus, vous trouvez aisé d'écouter attentivement ce que communiquent les autres et de vous écouter vous-même. Vous apprenez à décoder les signaux subtils de votre corps, de vos sentiments et de vos émotions, à les estimer, à ne pas les nier ni à chercher à les étouffer.

Plus globalement, ce centre énergétique permet d'entendre au sens de « percevoir finement » des messages émis par soi-même ou par les autres mais sans qu'ils soient explicitement verbalisés. Il permet de recevoir les intentions ou les messages inconscients de votre interlocuteur avec une grande acuité. En psychothérapie, nous l'utilisons de façon inconsciente, mais particulièrement active. Cependant, dans bien des domaines de la vie quotidienne, les femmes le mettent en action : comprendre les besoins des personnes qui les entourent est une de leurs plus grandes compétences. Par extension, l'énergie de ce chakra vous permet de recevoir les messages de l'univers, de la Nature, mais aussi les palpitations des mouvements sociétaux et les évolutions à venir.

➤ Pourquoi renforcer le chakra de la gorge ?

Pour mieux communiquer et vivre des relations de qualité. Le chakra de la gorge est le centre de toute votre communication et de vos échanges de messages, verbaux ou non verbaux, dans la parole ou dans l'écoute. Si son énergie est affaiblie, il peut inhiber l'expression de vos sentiments et bloquer vos émotions. Quand il est harmonieux, et que l'énergie y circule, vos espoirs et vos rêves peuvent s'exprimer, vous en tenez compte et savez les affirmer.

➤ Les causes de son déséquilibre

- Notre famille et nos origines ont un impact important sur le développement de ce chakra. Il peut s'agir parfois de la lourdeur de secrets, d'événements graves ou honteux qui n'ont pas pu être révélés. Votre chakra vous fait alors travailler votre rapport à la vérité.

- Cela peut être aussi une interdiction de s'exprimer, avoir été perçue comme une personne non légitime à donner son avis parce que vous étiez émotive ou bien parce que vous êtes une femme. Ravaler sa colère peut être un mécanisme de survie, le seul choix pour pouvoir grandir. Mais les conséquences sont parfois présentes longtemps, même une fois que l'on s'est éloignée du cercle familial.

- Avoir vécu son enfance sous une dictature politique ou religieuse peut entraîner des dysfonctionnements prolongés de ce chakra. Parfois, certains types d'éducation parentale sont aussi des dictatures symboliques.

- Penser que l'on a été à l'origine de réactions violentes et/ou extrêmes peut entraîner des réactions d'inhibition et une impossibilité à s'exprimer librement. Si cela a été le cas dans votre famille, il est important de travailler en psychothérapie la notion de responsabilité et de loyauté aux dettes symboliques.

- Avoir grandi auprès d'une personne qui ne supportait pas qu'on lui exprime son désaccord.

- Des maltraitances physiques, verbales ou psychologiques subies sans avoir pu en parler ; ou ne pas avoir été crue si vous en avez parlé.

- Avoir vécu dans une ambiance où les insultes, les mots grossiers, les conflits, les hurlements étaient quotidiens ou très fréquents.

➤ Les manifestations physiques de son déséquilibre

- Maux de gorge.
- Défauts d'élocution.
- Problèmes auditifs.
- Blocage de la mâchoire.
- Troubles thyroïdiens.
- Troubles alimentaires.

Le déséquilibre du cinquième chakra se manifeste très souvent chez les femmes par une sensibilité qui entraîne une toux chronique, des angines à répétition, et surtout des problèmes liés à la glande thyroïde.

➤ Les manifestations émotionnelles de son déséquilibre

- Avoir du mal à s'exprimer et à savoir si ce que l'on pense est juste.
- Une tendance à dominer dans les conversations.
- S'effacer car on n'a pas accès à son opinion ou écouter en silence par impossibilité de s'exprimer.
- Être encline aux commérages ou incapable de garder un secret.
- Pâtir d'un défaut d'élocution, bégaiement ou zézaiement par exemple.
- Souffrir d'un trouble du comportement alimentaire.
- Avoir tendance à mentir ou à embellir les faits.
- Inhiber vos opinions, vos croyances, vos sentiments et vos désirs afin de ne pas décevoir ou pour éviter les jugements.
- Avoir une difficulté à écouter les autres, par exemple en interrompant vos interlocuteurs ou en ramenant tout ce que dit l'autre à ce que vous avez vécu.
- Parler pour combler le silence.

- Se plaindre beaucoup ou souligner les points négatifs de tout ce que l'on vit.

- Être très secrète et ne pouvoir s'ouvrir à personne.

- Avoir tendance au sarcasme, à l'ironie, à l'amertume.

- Chercher à dominer les conversations, ne pas pouvoir donner raison à un interlocuteur.

- Une impossibilité à exprimer ses besoins et ses désirs. En conséquence, attendre que les autres devinent ce que vous voulez et ce dont vous avez besoin.

- Penser que tout le monde devrait agir comme vous.

- Trianguler : dire à quelqu'un d'autre ce que vous souhaiteriez dire à une personne en particulier, devant elle ou dans son dos. Attention à ne jamais utiliser un enfant pour s'adresser à un adulte contre lequel vous seriez en colère, par exemple.

➤ Comment travailler son énergie ?

Toutes les activités favorisant l'expression de soi et l'écoute qualitative aident à recharger l'énergie du chakra de la gorge : écriture, dessin, art-thérapie, improvisation théâtrale, danse des cinq rythmes (une forme de danse improvisée selon cinq rythmes différents qui représentent cinq cycles de la vie), cours d'élocution, chant, chorale. L'autre pratique indispensable et d'une grande efficacité pour alimenter le chakra de la gorge est tout simplement celle du… silence, conscient et choisi.

9 OUTILS POUR ÉQUILIBRER LE CHAKRA DE LA GORGE

- **Les huiles essentielles qui le stimulent** : camomille, myrrhe.
- **Les élixirs de Bach qui favorisent son fonctionnement** : Moutarde, Saule.
- **Les pierres d'accompagnement** : aigue-marine, turquoise, quartz bleu, calcédoine bleue, célestite, azurite.
- **Les aliments bénéfiques** : sel, citron vert, pamplemousse, kiwi, pomme, poire, pêche, abricot, prune, et tous les liquides (tisanes, eau, jus de fruits).
- **Les vêtements, bijoux, objets de décoration, accessoires** : à choisir de couleur bleue.
- **Les postures de yoga qui aident à le renforcer** : la chandelle et le lion.
- **Les sons qui le stimulent** : voix d'opéra, flûtes, et sons aériens.
- **La note et la fréquence binaurale d'accompagnement** : le *sol* et 741 Hz.
- **La syllabe sacrée** : HAM.

■ 8 PROPOSITIONS D'ACTIVITÉS PRATIQUES

- Vous pouvez militer, défendre une cause, vous engager au sein d'une association ou d'un parti politique.
- Chanter à haute voix, chaque fois que vous en aurez envie.
- Apprendre à raconter des histoires. Bien des messages universels de l'humanité sont contenus dans les contes. Ils font réfléchir et grandir.
- Apprendre une nouvelle langue, ou trouver les moyens de pratiquer à nouveau une langue apprise auparavant.
- Relâcher sa colère dans un lieu sûr : crier en forêt ou dans un champ, frapper un coussin de toutes ses forces ou hurler dedans.
- Apprendre à exprimer ses émotions en psychothérapie.
- Laisser sortir votre colère dès que vous la sentez monter, n'hésitez pas à l'exagérer en vous isolant pour l'évacuer complètement. Une fois que vous êtes seule, vous pouvez aussi vous visualiser en train d'insulter quelqu'un ou lui hurler dessus jusqu'à vous sentir totalement soulagée. Osez !
- Observer une femme d'autorité qui sait exprimer sa colère calmement et respectueusement (une cheffe d'entreprise, une professeure, une coach inspirante, une psychothérapeute).

EXERCICE DU BOURDONNEMENT DE L'ABEILLE

Si vous êtes adepte du yoga, vous le connaissez sûrement. Il consiste à reproduire avec sa gorge le bourdonnement de l'abeille.

Asseyez-vous dans votre position préférée pour méditer, lotus ou semi-lotus, ou encore à genoux, fesses aux talons, sur un coussin haut.

En gardant la bouche fermée, retenez votre souffle quelques instants en essayant de relâcher les tensions de votre corps.

Au moment de l'expir, reproduisez le bourdonnement de l'abeille et sentez comme votre gorge se charge en énergie.

Répétez cet exercice 3 à 5 fois.

3 PROPOSITIONS DE CHANGEMENTS PSYCHO-ÉMOTIONNELS

- Modifier ses croyances sur la colère et comprendre en quoi cette émotion est importante et utile, et de quelle façon son expression peut être respectueuse. On inculque souvent aux femmes qu'être gentille c'est ne jamais exprimer de la colère. Cela n'a rien à voir. Être aimable et bienveillante ne peut en aucun cas entraîner comme conséquence de se laisser marcher sur les pieds, de permettre aux autres de ne pas respecter vos limites.
- Comprendre que ce qui soulève vos plus grandes colères, ce sont très souvent des peurs : il existe plusieurs outils thérapeutiques pour revenir à vos peurs profondes (TIPI en particulier, et bien sûr l'EMDR).

- Comprendre l'intérêt de l'expression de vos émotions : une émotion refoulée ou bloquée, ou tenue secrète, ne s'évapore pas, elle va s'exprimer. Si ce n'est pas par la parole, ce sera très probablement par des dysfonctionnements somatiques.

6 AFFIRMATIONS À CHOISIR SELON VOS RESSENTIS

Je suis orientée par mon intuition et j'ai le courage de la suivre.

Je dis la vérité. Ma parole m'engage.

Je communique avec clarté.

Je communique mes sensations et mes émotions sainement.

Je m'efforce de comprendre et d'être comprise.

Ma créativité est une ressource infinie.

COMMENT NOURRIR LE CHAKRA DE LA GORGE

Croisez vos mains face à vous, sauf les pouces, qui restent en haut.

Collez-les l'un contre l'autre et relevez-les légèrement.

Concentrez-vous sur le cinquième chakra à la base de la gorge.

Prononcez la syllabe SO en inspirant et HAM en expirant.

6.

LE CHAKRA DU FRONT {JE VOIS}

CARTE D'IDENTITÉ

Nom sanskrit : *Ajna Chakra* (*A* signifie « non », *Jna* « connaissance »). Il est donc littéralement le siège de la non-connaissance, ce qui vous semblera peut-être déstabilisant. Le siège de la sagesse est considéré comme celui de la non-connaissance parce que l'hindouisme considère qu'il faut désapprendre pour comprendre vraiment.

Synonyme : chakra du troisième œil.

Couleur : l'indigo.

Localisation : entre les sourcils.

Organes associés : zone du front, des yeux.

Activité essentielle : la réflexion.

Intention : « Je vois ».

Élément de référence : la lumière.

Aspiration : la clairvoyance.

Sens dominant : l'intuition (qui est sensorielle dans l'hindouisme).

Sens spirituel : la perception optimale de tous nos sens, jusqu'à la perception extrasensorielle.

Force de vie : le *prana*, l'énergie qui permet d'absorber l'énergie, la nourriture et les idées.

Divinité féminine : Shakti, pouvoir créatif actif de l'univers, a deux bras gauches. Dans une main, elle tient une fleur de lotus, symbole de renaissance et de pureté ; dans l'autre une tige de canne à sucre, qui symbolise la douceur de la vie.

LE CHAKRA DE L'ÉNERGIE PSYCHIQUE

Le sixième chakra est le lieu où la perception rencontre la logique. Ce chakra est le centre de notre intuition, de nos perceptions, de notre imagination et de notre intellect. C'est là que nous nous voyons nous-mêmes, ainsi que les autres et le monde, avec clarté. Cette lentille, ou ce filtre, gouverne notre perspicacité et notre intuition pour nous guider dans notre existence et nous faire comprendre quels sont les projets nous permettant de nous réaliser pleinement, ainsi que les personnes avec qui il est bon de s'associer. C'est également l'endroit où nous rêvons et élaborons des stratégies pour nos projets créatifs.

À la fois centre de la conscience et de l'inspiration, le sixième chakra nous permet de comprendre et d'appréhender des situations avec d'autres outils que la seule raison. L'intelligence mentale est renforcée et aidée par une intelligence intuitive. Elle permet de voir les choses à partir d'une connaissance plus globale. Cela vous permet d'envisager sereinement de changer d'opinion ou de prendre une meilleure décision si la première ne vous convenait pas. Vous ne craignez plus d'envisager de nouvelles manières de voir le monde et vous gagnez en confiance en vos capacités d'adaptation.

Le chakra du troisième œil se compose de deux parties complémentaires : une partie avant plus structurée et rationnelle qui gouverne notre esprit d'analyse, nos capacités d'attention, de concentration, de mémorisation, d'analyse et de faire des liens ; une partie arrière créative et artistique, développant pensée intuitive et inspiration, ainsi que la sensibilité. L'équilibre de ces deux parties est important pour générer une activité mentale fluide et adaptée à un grand éventail de circonstances. Si vous connaissez le fonctionnement de la partie gauche du cerveau et de sa partie droite, le parallèle avec le chakra du troisième œil est saisissant. Nous possédons deux hémisphères cérébraux qui interagissent mais qui présentent chacun des fonctions spécifiques. L'hémisphère gauche décompose les problèmes, organise et analyse, il est à la recherche de détails, de connaissances et d'anticipation. L'hémisphère droit s'intéresse à la globalité, aux ressentis et à la création, il est aussi capable d'innovation. L'idéal est de favoriser la communication entre ces deux cerveaux. Mais notre éducation ou notre personnalité propre peuvent nous avoir conduites à privilégier l'une de ces deux zones. Cette prédominance est souvent déterminante dans la façon dont vous avez construit, utilisé et renforcé au fil des années votre filtre de perception du réel. Bien avant les progrès des neurosciences et de la neuropsychologie, les théoriciens des chakras avaient compris ce double fonctionnement de notre intelligence.

Le troisième œil est relié très logiquement à notre hypophyse, appelée « glande maîtresse » dans les Upanishad, car elle a le pouvoir de régénérer tout l'organisme. Travaillant en coopération avec l'hypothalamus, elle libère une douzaine d'hormones distinctes affectant une grande partie de notre fonctionnement physiologique comme la cicatrisation, les rythmes du sommeil, l'allaitement, les contractions de l'accouchement, la température du corps et d'autres encore. Cette grande capacité de régulation et de commandement de nos fonctions vitales en fait une glande endocrine indispensable à notre fonctionnement quotidien.

Le chakra préféré de Victoire, psychologue

J'ai toujours aimé les représentations du troisième œil dans les gravures et les peintures indiennes. Je les trouve fascinantes et mystérieuses. Je me suis longtemps demandé de quelle façon je pouvais utiliser cet autre centre de la connaissance qui fonctionne de façon si particulière. J'ai peu à peu accepté que sa compréhension de la vie se fonde sur un plan qui n'est pas celui que j'utilise habituellement pour acquérir des connaissances. Il m'invite à me faire confiance, à comprendre que je retiens ce qui est important et que mon être sait laisser de côté ce qui ne l'est pas. Il retrouve le souvenir dont j'ai besoin, l'information dont j'ai besoin. Lorsque je le laisse fonctionner et que je suis à son écoute, les éléments nécessaires à mes prises de décision adviennent à ma conscience et je les ai à ma portée. J'ai moins peur de prendre des décisions irrémédiables, de faire des erreurs tragiques. Je comprends que les réponses sont en moi et que mes capacités d'adaptation peuvent surmonter bien des problèmes que je ne pourrai pas anticiper, mais que je pourrai résoudre lorsqu'ils se présenteront.

Lorsque le sixième chakra est équilibré, vous bénéficiez d'un état de clarté mentale que le bouddhisme qualifie d'« esprit clair ». Vous êtes alors en mesure de mémoriser, d'analyser, de comprendre et vous de concentrer. Vous devenez perspicace et disposée à faire face à la vérité, peu importe le degré de difficulté ou les conséquences inconfortables de la démarche. Vous êtes capable de lire entre les lignes et de faire confiance à vos sens intuitifs. Capable aussi d'auto-observation et d'élaborer une image juste de vous-même, capable de percevoir vos ressources, vos capacités positives, ainsi que vos dysfonctionnements et vos erreurs.

Vous pouvez alors remettre en question les croyances qui vous ont été transmises, et décider si elles vous appartiennent vraiment. En vous connectant à votre autorité intérieure, celle qui décide ce qui est bon pour vous et vous rend meilleure, qui correspond à vos valeurs, vous pouvez faire des choix plus cohérents, et plus éclairés. Vous comprendrez aussi que la vérité est relative. Ainsi, vous pourrez vous mettre à la place de l'autre et comprendre son point de vue, même si cela ne signifie pas nécessairement que vous en changerez.

Les hindous considèrent également que ce chakra est le siège de la production de rêves durant le sommeil. Lorsque vous effectuez un travail sur le troisième œil, il est fortement conseillé de noter ses rêves et de s'en servir comme base d'étude et de compréhension.

Un chakra du front équilibré est un préalable pour permettre au septième chakra, le chakra couronne, de fonctionner. Il nécessite d'avoir appris à laisser s'exprimer la pensée intuitive, sensible, à libérer nos raisonnements mentaux d'un excès de rigueur et de contrôle, de lâcher prise vis-à-vis de la maîtrise et de la compréhension de tous les événements. Le sixième chakra nécessite autant d'ancrage que de lâcher-prise. Il suppose que vous gardiez les pieds sur terre tout en vous libérant d'un mental trop raisonneur, contrôleur par la recherche de compréhension et d'anticipation.

Les organes qui dépendent de lui sont tout particulièrement le cerveau et l'hypophyse mais aussi la zone que les Indiens appellent le visage symbolique, c'est-à-dire ce qui se dégage de votre regard, de votre sourire, de vos expressions.

Siège de l'intelligence, de la mémoire, du rationalisme, de la créativité, du discernement et de l'intuition, ce chakra est le centre de la prise de conscience spirituelle, matérielle, intellectuelle et physique. Il est aussi responsable de votre évolution sur tous les plans et peut amener de grands changements dans votre vie. C'est par un intense travail de recherche sur la spiritualité et une grande évolution de conscience que ce chakra peut être développé. Pour les hindous, la mémoire permet de recréer le passé, l'imagination permet au futur de s'épanouir et les fantasmes embellissent notre présent. Ces trois ressources sont guidées par l'énergie du troisième œil.

Il vous permet en particulier d'être en contact avec votre sagesse intérieure, avec la femme intuitive en vous. Ainsi, lorsque vous êtes en contact avec son énergie, vous êtes consciente que les réponses sont en vous, que vous avez la connaissance et l'intelligence nécessaire pour savoir prendre les bonnes décisions et que vos erreurs sont des sources d'enseignement, et non des échecs.

LE DÉFI CENTRAL DU CHAKRA DU TROISIÈME ŒIL

Nous voyons la vie à travers un filtre fait de nos croyances, conditionnements et illusions. Ce filtre est donc souvent biaisé et peut être limitant, ou nous contraindre à entrer dans des schémas de répétition dysfonctionnels et douloureux, nous faisant vivre des situations identiques avec des personnes ou dans des contextes différents. Prendre conscience et analyser le lien entre ces situations de manière à pouvoir avancer avec plus de perspicacité et une nouvelle perception, tel est le défi du chakra du troisième œil.

En donnant votre accord pour faire face à la vérité dans votre vie, vous rendez plus fort le chakra du troisième œil.

➤ Pourquoi renforcer le chakra du troisième œil ?

Pour développer la qualité de vos jugements, de votre compréhension existentielle et de votre intelligence émotionnelle. Il est aussi le siège de la rationalité et de la sagesse. C'est, pour les hindous, le siège du sixième sens, celui qui gouverne les cinq sens physiques pour les utiliser à bon escient. Il vous permet de développer des facultés d'attention et de concentration qui améliorent significativement votre capacité à la pleine conscience.

➤ Les causes de son déséquilibre

- Aimer fonctionner dans le déni et être en conséquence dans l'incapacité à faire face à la vérité. Probablement nécessaire à votre survie à un moment donné, ce fonctionnement vous empêche de revenir à une lecture plus objective ou plus complète du réel.

- Si votre famille vous a élevée dans un dogme ou la conviction de la vérité absolue, cela peut avoir affecté le fonctionnement de votre sixième chakra.

- L'enfant victime d'abus psychologiques, utilisé comme un objet prouvant la réussite ou devant permettre la réussite de ses parents. La violence psychologique implique généralement des formes de manipulation plus ou moins subtiles : elle fait perdre tous ses repères à la personne qui la subit et détruit son estime de soi. La confiance en son intuition est alors altérée, voire très défaillante ; elle se considère moins compétente pour prendre des décisions ou moins capable de voir la vérité d'une situation.

- L'enfant victime d'abus physiques ou de négligence. C'est une cause fréquente de dérèglement du troisième œil. L'enfant va chercher en permanence à anticiper la colère du parent pour éviter que celui-ci le maltraite. Ou bien cela le conduit à se dissocier de ce qu'il vit en créant des absences pour ne pas sentir ce qui se passe dans son corps.

➤ Les manifestations physiques de son déséquilibre

- Maux de tête, migraines.
- Dysfonctionnements neuronaux ou cérébraux.
- Douleurs oculaires.
- Déficience visuelle.
- Inflammations chroniques des sinus.
- Maladies du système nerveux.
- Difficultés de concentration, dyslexie.

➤ Les manifestations émotionnelles de son déséquilibre

- Une susceptibilité, voire une paranoïa, qui vous donne l'impression que les gens complotent contre vous, qu'ils vous détestent, qu'ils ne vous veulent pas du bien.

- Une étroitesse d'esprit : avoir la conviction qu'un seul chemin mène à LA vérité.

- Des analyses irrationnelles ou trop subjectives du réel, ne pas réussir à solliciter ses capacités d'analyse.

- Tout ramener à soi et avoir tendance à utiliser les autres.

- Avoir un sentiment de supériorité d'intelligence, de statut social.

- Une lecture spirituelle de tout ce qui survient dans votre vie, entraînant des attitudes irresponsables de votre part, ou l'utilisation de « pensées magiques » : si je vois tel élément, ou que je fais telle action, il va m'arriver telle chose, bonne ou mauvaise.

- Être tétanisée à l'idée de passer à l'action, par exemple, en pesant mille fois le pour et le contre de chaque décision à prendre.

- Avoir une réflexion qui manque de souplesse, d'agilité.

- Une fois dans l'action, analyser chacune des décisions que vous prenez de façon obsessionnelle.

- Trop intellectualiser au point de vous couper du monde, incapable d'entrer en relation de manière simple avec autrui. Et trouver insupportables les personnes qui ne savent expliquer ce en quoi elles croient.

- Ne pas se fier à ses intuitions ou leur accorder au contraire une importance démesurée.

- Faire preuve d'une autoévaluation permanente afin de satisfaire votre perfectionnisme et votre volonté d'être vue comme parfaite.

- Alimenter vos illusions sans connexion avec le réel, vouloir croire par exemple que l'on vit dans un monde parfait où le mal n'existe pas.

- Être inflexible, refuser de reconnaître que l'autre peut avoir raison ou même être incapable de lui accorder le bénéfice du doute.

- Refuser de reconnaître l'existence d'aspects négatifs de soi-même et des autres, rejeter son Ombre.

- Croire que les autres ont une vision de vous plus négative qu'en réalité.

- Avoir une image de soi qui ne correspond pas à la réalité (trop grandiose ou trop rabaissée).

- Faire beaucoup de cauchemars.

➤ Comment travailler son énergie ?

Toutes les activités de réflexion et d'apprentissage comme la philosophie, le débat, la lecture critique des informations, l'écoute d'émissions au cours desquelles des opinions se confrontent et vous aident à construire la vôtre, la lecture d'essais, l'apprentissage de langues étrangères et la compréhension d'autres cultures que la vôtre, le partage de connaissances, les activités culturelles peuvent vous permettre de nourrir l'énergie du troisième œil.

8 OUTILS POUR ÉQUILIBRER LE CHAKRA DU TROISIÈME ŒIL

- **Les postures de yoga qui aident à le renforcer** : le poirier.
- **Les huiles essentielles qui le stimulent** : jacinthe, violette, menthe poivrée, géranium.
- **Les élixirs de Bach qui favorisent son fonctionnement** : Hêtre, Olivier et Noyer.
- **Les pierres d'accompagnement** : lapis-lazuli, sodalite, jade blanc, pierre de lune noire, sélénite, scolécite.
- **Les aliments bénéfiques** : poivron vert, navet, amande, menthe, romarin, lavande.
- **Les vêtements, accessoires, bijoux, objets de décoration** : à choisir de couleur indigo.
- **La note et la fréquence binaurale d'accompagnement** : le *la* et 852 Hz.
- **La syllabe sacrée** : OM ou AUM.

3 PROPOSITIONS D'ACTIVITÉS PRATIQUES

- S'entraîner à voir la beauté dans les milliers de petites choses que vous n'aviez pas perçues auparavant, en particulier dans les lieux que vous fréquentez le plus : travail, maison, trajets quotidiens.
- S'exercer à la méditation de pleine conscience. C'est l'outil le plus puissant pour l'équilibrage du troisième œil.
- Lire des textes sacrés, s'intéresser aux différentes formes de spiritualité existantes, accepter que certaines choses ne

s'expliquent pas, mais que cela n'empêche pas d'y adhérer si cela vous correspond, vous soutient, vous amène à plus d'ouverture de cœur et d'espoir.

EXERCICE DU REGARD PERDU (BHUCHARI)

Pour réaliser cet exercice d'équilibrage du troisième œil, j'aime utiliser un peu d'huile d'arnica que je mets au creux des poignets et une goutte sous mon nez. L'arnica étant par excellence la plante qui soigne les coups, son arôme soigne aussi de façon plus symbolique les « coups du sort », les psychotraumatismes, les chocs.

Asseyez-vous dans votre position préférée de méditation face à un mur blanc.

Placez le pouce droit au centre de votre lèvre supérieure, laissez se détendre les trois doigts suivants, et levez l'auriculaire droit devant vous.

Fixez le bout de l'auriculaire, sans cligner des yeux mais sans tension.

À ce stade, des larmes peuvent commencer à se former, laissez-les couler, car elles sont un puissant nettoyant du troisième œil.

Pratiquez cet équilibrage pendant cinq minutes, puis baissez votre main.

Vous pouvez continuer à regarder le sol ou une bougie à environ un mètre devant vous pendant quinze à vingt minutes.

■ 7 PROPOSITIONS DE CHANGEMENTS PSYCHO-ÉMOTIONNELS

▪ Visualiser votre vie comme vous aimeriez qu'elle soit, dans la simplicité et la beauté de chaque instant.

▪ Prendre le temps de réparer les conséquences des violences subies lorsque vous étiez petite fille, en mettant par exemple à distance des personnes qui vous ont maltraitée, ou, si cela vous est possible, par le pardon. Dans tous les cas, il est important de faire quelques séances de psychothérapie de guérison des souvenirs traumatiques si vous êtes concernée par une forme de maltraitance physique, sexuelle ou psychologique dans l'enfance.

▪ Se remémorer un souvenir difficile et visualiser des personnes qui vous auraient protégée (un parent compétent, un enseignant, un policier, un avocat des droits de l'enfant, etc.). Imaginer comment ces personnes seraient intervenues et vous auraient rendu votre dignité en mettant votre parent maltraitant ou incompétent, ou encore tout autre agresseur, hors d'état de nuire.

▪ Accepter le réel tel qu'il est, apprendre à sortir des ruminations, des obsessions, des projections anxiogènes, des fantasmes.

▪ Se servir de la rêverie comme d'un instrument d'inspiration, d'intuition et de créativité dans le réel et non comme une fuite de la réalité.

▪ Se libérer du besoin de donner du sens à tout ce que l'on vit.

▪ Donner un sens de réalisation de soi aux activités que nous pratiquons le plus, professionnelles ou personnelles, comme construire son couple ou éduquer ses enfants.

7 AFFIRMATIONS À CHOISIR SELON VOS RESSENTIS

Mon mental est fort, concentré et alerte.

Je me discipline tout en étant sensible à mes besoins.

Je suis attentive à mon monde intérieur et à celui qui m'entoure.

Mon intelligence et mon intuition travaillent de pair.

Je n'ai pas besoin de comprendre les choses pour les accepter.

Je prends des décisions et me mets en action.

Mon troisième œil reflète la lumière qui vit en moi.

COMMENT NOURRIR LE CHAKRA DU TROISIÈME ŒIL

L'exercice **Hakini Mudra** sert à faire venir l'inspiration ou à vous permettre de voir plus clair dans une situation difficile. Voici comment procéder :

Asseyez-vous dans une position où vous êtes bien droite, sans croiser ni les jambes ni les chevilles.

Créez une forme arrondie avec vos mains en faisant se toucher l'extrémité de chacun des doigts.

Prenez trois respirations profondes.

Sur chaque inspiration posez la langue derrière les dents du haut, sur les gencives.

À chaque expiration, relâchez la langue.

Concentrez-vous sur le chakra du troisième œil qui se trouve légèrement au-dessus du point entre les sourcils.

Prononcez la syllabe OM ou AUM.

Le même exercice peut être effectué en allumant une bougie et en se focalisant sur sa flamme. Posez-la devant vous à une distance d'environ quarante-cinq centimètres. Fermez les yeux et observez l'image résiduelle de la flamme apparaissant au milieu de votre front.

7.

LE CHAKRA COURONNE {JE SAIS}

CARTE D'IDENTITÉ

Nom sanskrit : *Sahasraha Chakra* (*sahasraha* signifie « mille », en référence aux mille pétales de la fleur sacrée de lotus).

Synonyme : chakra de la couronne.

Couleur : le violet, le blanc (qui contient toutes les couleurs), le doré.

Localisation : juste au-dessus du sommet de la tête.

Organe associé : cerveau.

Activités essentielles : la méditation et la perception de la joie. Il est associé à la connexion au divin et cherche pour cela à aller au-delà des frontières du mental et de la conscience.

Intention : « Je sais ».

Élément de référence : la conscience.

Aspiration : l'illumination.

Sens dominant : il fonctionne au-delà du mental et de tous les sens physiques.

Sens spirituel : l'empathie.

Force de vie : englober toute l'énergie vitale par la communion avec l'ensemble des êtres vivants.

Divinité féminine : Yakini, aux innombrables visages regardant dans toutes les directions, brille de toutes les couleurs.

LE CHAKRA DE LA SPIRITUALITÉ

Le septième chakra représente la compréhension de la vie ainsi que la compréhension globale de soi.

Centre de notre connexion spirituelle – notre relation avec notre moi supérieur et avec l'intelligence divine –, ce chakra concerne également tous les plans de notre âme : il postule que nous avons choisi l'endroit, la famille et peut-être même le corps dans lesquels nous nous sommes incarnées. Il nous permet donc de nous réaliser pleinement car il connaît le chemin à suivre.

Le chakra couronne vous encourage à avoir une vision plus large de l'existence et de votre place dans celle-ci, dépassant vos préoccupations habituelles pour la survie. Pour les chakras inférieurs, la pire chose qui puisse arriver est la mort. Pour le chakra couronne, le pire qui puisse arriver est que nous n'exploitions pas pleinement nos dons, que nous ne nous épanouissions pas et que nous vivions dans la peur.

Ce chakra concerne la sagesse et le sentiment d'unité avec le monde. Il correspond à nos systèmes de croyance, à notre vie spirituelle, à la connaissance totale de soi, et à la conscience de l'âme.

Le chakra préféré d'Ahmed, herboriste et praticien en soins énergétiques

Je pense que le chakra couronne est celui qui est à la base de toute l'activité énergétique, car il est positionné au sommet de la tête et orienté vers le milieu du corps. Quand il fonctionne bien, l'énergie circule correctement et nous avons une conscience fine du bien et du mal pour nous. En arabe, comme en français, on dit : « Un esprit sain dans un corps sain. » C'est l'expression qui résume le mieux l'activité du chakra couronne. Lorsque l'activité cérébrale se nourrit de celle de ce chakra, notre état d'esprit est plus positif et notre corps bénéficie d'un fonctionnement optimal. Il est aussi le centre énergétique positionné à l'extérieur du corps physique, il est donc très en lien avec notre rapport à la nature, à ses enseignements, et plus largement à notre environnement. Les femmes me semblent mieux reliées à son activité énergétique que les hommes, dans un mélange savant entre puissance et douceur. Elles sont plus sensibles au fonctionnement des chakras et les comprennent mieux que les hommes, car elles sont souvent plus en lien avec leur part sensible, avec l'indicible, et avec la nature.

Lorsque le chakra couronne est ouvert et équilibré, il permet d'accéder avec sagesse à la conscience spirituelle et de vous situer dans votre axe vertical. Pour cela, il faut que son chakra complémentaire, le chakra racine, soit bien en place (voir le témoignage d'Agnès, en page 25). Lorsque le septième chakra est épanoui, vous vous débarrassez de vos préjugés, consciente que vous êtes un être spirituel ayant une expérience humaine. Vous reconnaissez que l'intelligence divine ou universelle exerce un certain contrôle sur votre vie. Vous pouvez alors vous soumettre à des circonstances qui sont hors de votre contrôle tout en en tirant le meilleur parti. Le chemin de vie n'est pas une punition ou une série de coïncidences aléatoires, mais un moyen pour votre âme de grandir et d'évoluer. Vous aurez le courage de faire des choix qui vont dans ce sens, même lorsque ces choix peuvent sembler non conventionnels ou peu judicieux aux personnes qui vous entourent.

Vous comprendrez alors que la mort n'est pas une fin absolue mais uniquement un changement de perspective, une transformation du chemin de votre âme.

La plus grande ressource liée à l'énergie du chakra couronne est qu'il vous permet d'accéder à votre capacité d'émerveillement. Par sa vision globale du monde qui vous entoure et de ce qui est non perceptible par les sens physiques, il permet d'accéder à la plénitude de sensations qui peuvent s'épanouir lorsque nous nous sentons reliées au tout et que nous comprenons que l'univers au sein duquel nous évoluons contient des pépites de beauté, une bonté et une grâce infinies.

➤ Pourquoi renforcer le chakra couronne ?

Pour comprendre de façon fine les enjeux de l'univers et conscientiser tout ce qui vous dépasse – en confiance. Il vous permet d'acquérir la capacité de dépasser la dualité (voir p. 44) et de faire une expérience de sagesse par l'acceptation de vous-même et de l'Autre, du masculin et du féminin, et de la coexistence non problématique des contraires. Il apporte à votre pensée et à vos sentiments plus de souplesse et d'agilité, rendant plus profond votre calme intérieur. Il vous relie aussi à ce qui ne change jamais, à ce qui est éternel et infini, vous permettant de sublimer vos propres limites.

➤ Les causes de son déséquilibre

- Avoir vécu des deuils à répétition dont vous n'avez pas pu assimiler le sens.
- Avoir vécu une expérience de mort imminente.
- Avoir vécu des crises existentielles brutales ou avoir été victime d'abandon, par exemple suite à la crise de vie majeure d'un parent.
- Avoir été exposée au suicide d'un proche.

➤ Les manifestations physiques de son déséquilibre

- Maux de tête.
- Maladies auto-immunes (en raison du rapport avec la volonté de toute-puissance).

- Dysfonctionnements du système immunitaire.
- Troubles entraînant une paralysie partielle ou totale.
- Maladies du système nerveux.

➤ Les manifestations émotionnelles de son déséquilibre

- Avoir du mal à apaiser le bavardage du mental, le train de pensées.
- Insomnies et troubles du sommeil.
- Ne pas réussir à comprendre ses propres valeurs, la direction que l'on souhaite donner à sa vie.
- Avoir une perception punitive et liberticide de toute spiritualité.
- Une dépendance aux signes et aux présages, une propension à inventer des pensées magiques pour se rassurer et une surinterprétation des signaux du réel.
- Vouloir tout contrôler et ne pas supporter que des choses soient indépendantes de votre volonté.
- Chercher des maîtres spirituels ou des mentors sans lesquels vous ne pensez pas pouvoir trouver votre chemin de vie.
- Utiliser des pratiques extrêmes de spiritualité ou de religion, jusqu'à se maltraiter.
- Se sentir « à part », isolée et déconnectée du monde.

➤ Comment travailler son énergie ?

Pour travailler l'énergie du septième chakra, je vous propose le mantra bouddhiste le plus célèbre : *Om Mani Padme Hum* (*mani* signifie « joyau », *padme* signifie « lotus » et *hum* la « sagesse »). Aussi appelé « mantra de la grande compassion », il est considéré comme le mantra national du Tibet. Assemblées, ces six syllabes signifient que la pureté de l'esprit, celles du corps et de la parole s'obtiennent par la sagesse.

Chaque syllabe purifie un « voile », c'est-à-dire un fonctionnement en déni.

OM : purifie le voile du corps.

MA : purifie le voile de la parole.

NI : purifie le voile de l'esprit.

PAD : purifie le voile des émotions contradictoires.

ME : purifie le voile de l'existence substantielle.

HUM : purifie le voile qui recouvre la connaissance.

9 OUTILS POUR ÉQUILIBRER LE CHAKRA COURONNE

• **Les postures de yoga qui aident à le renforcer** : la demi-lune, le scorpion.

• **Les huiles essentielles qui le stimulent** : lavande, encens, bois de rose.

• **Les élixirs de Bach qui favorisent son fonctionnement** : Noyer, Châtaigner.

• **Les pierres d'accompagnement** : améthyste, cristal de roche, lépidolite, stichtite, charoïte.

• **Les aliments bénéfiques** : plus qu'un aliment précis, la nourriture détox et les repas légers, manger en conscience, de façon intuitive et respectueuse de soi.

• **Les vêtements, bijoux, accessoires, objets de décoration** : à choisir de couleur violette, blanche ou dorée.

• **Les sons qui le stimulent** : le silence.

• **La note et la fréquence binaurale d'accompagnement** : le *si* et 963 Hz.

• **La syllabe sacrée** : NG.

■ 3 PROPOSITIONS D'ACTIVITÉS PRATIQUES

- Faire une retraite silencieuse ou s'organiser des temps de silence réguliers.
- Prier, de la façon qui vous correspond le mieux.
- Pratiquer l'exercice de gratitude : listez trois éléments de votre journée qui peuvent provoquer en vous le ressenti de la joie d'être en vie.

■ 3 PROPOSITIONS DE CHANGEMENTS PSYCHO-ÉMOTIONNELS

- Faire la paix avec les expériences religieuses et les personnes spirituelles qui, par le passé, vous ont impactée négativement ou blessée. Pardonner leurs agissements à ces dernières ne veut en aucun cas dire que vous les cautionnez, mais que vous ne souhaitez plus qu'elles soient actives dans votre existence. Vous redonnez la responsabilité et l'action à ces personnes sans vous préoccuper de faire justice par vous-même.
- Prendre conscience que la spiritualité est un chemin de développement et un besoin essentiel de l'être humain.
- Travailler sur vos valeurs existentielles. Les connaître, les comprendre et les mettre en œuvre dans votre vie.

■ 6 AFFIRMATIONS À CHOISIR SELON VOS RESSENTIS

Je suis entourée et protégée par la lumière.

Chaque fois que je choisis la bonté et la sagesse,
je chemine vers une meilleure expression de moi-même.

La lumière soutient et protège tout mon être.

Je grandis quand je m'abandonne à l'univers
en confiance.

Je me relie à ce qui est plus grand que moi.

Je suis dans la joie et la gratitude de la Création.

COMMENT NOURRIR LE CHAKRA COURONNE

Le but de l'exercice : créer en visualisation une bulle de lumière autour de vous.

Installez-vous en position de méditation, ou debout, les pieds très légèrement écartés.

Visualisez que vous émettez de la lumière dorée à partir du haut de la tête et que vous demandez à cette lumière de créer autour de vous une bulle de protection.

Façonnez-la de façon à ce qu'elle vous enveloppe totalement.

Inspirez et expirez dans ce cocon.

Vous pouvez faire cet exercice autant de fois que nécessaire, en particulier lorsque vous vous sentez en insécurité.

Qui est la femme arc-en-ciel ? Elle est celle dont les sept chakras principaux puisent leur énergie de vie en équilibre, de façon active et fluide. Nous avons tendance à imaginer les chakras comme des centres énergétiques indépendants les uns des autres. Pourtant, leur fonctionnement harmonieux repose sur le fait que, chaque fois que nous aspirons à nous aligner dans notre axe vertical vers le divin, nous trouvons une force similaire pour tendre vers la terre et ce qui est tangible. Ces deux forces actives nous sécurisent et solidifient notre chemin de vie. Seules des femmes ancrées peuvent explorer les dimensions spirituelles du monde sans pour autant se déconnecter du réel, ce qui ôterait tout sens à la démarche que je vous propose dans cette partie.

NOTRE IMPERFECTION EST UNE FORCE

Faire des erreurs, et le constater, est très désagréable mais c'est la seule façon qui nous permet d'évoluer et de devenir meilleures. S'accepter telle que l'on est, ce n'est pas se résigner mais plutôt observer le réel tel qu'il est, sans jugement ni mauvais traitements envers soi-même. C'est voir de quelle façon nous pouvons évoluer à partir de ce réel-là. Tant que nous refusons, consciemment ou inconsciemment, certains pans de notre personnalité comme faisant partie intégrante de nous-mêmes, tant que nous ne voulons pas accepter leur utilité, leur enseignement, leur nécessité pour notre chemin d'évolution, nous bloquons notre fonctionnement énergétique et alimentons nos tensions internes. Nous devenons obnubilées par l'évitement du vide et de la solitude, deux états qui nous obligeraient à nous voir telles que nous sommes.

La femme arc-en-ciel est celle qui se connaît et s'accepte telle qu'elle est dans sa réalité. Elle peut alors commencer à évoluer en se donnant ce dont elle a besoin.

Nous détestons être imparfaites et la honte nous assaille souvent. Et ce, pour des erreurs que nous n'avons parfois pas faites nous-mêmes, ou des imperfections qui sont tout simplement un signal de notre humanité, de notre vulnérabilité. Avec notre puissance féminine cohabite notre délicatesse, et les deux fonctionnent ensemble dans une coexistence qui nous semble souvent impossible à résoudre. En Europe – en France en particulier –, nous aimons répéter jusqu'à plus soif le dicton « Quand on veut, on peut ». En fait… non. Il ne suffit pas de vouloir pour pouvoir. Nous nous accrochons à la croyance que si nous essayions suffisamment fort et suffisamment longtemps, nous pourrions répondre à toutes les sollicitations, quel que soit le champ dans lequel elles sont formulées (professionnel, physique, couple, famille, loisirs). Nous voulons être tout le temps « celle qui assure ». C'est un leurre. Nous sommes limitées, imparfaites, parfois fortes, parfois fragiles, comme tous les êtres vivants. Nous ne pouvons ni tout faire ni répondre à toutes les demandes. En revanche, si *on veut*, nous pouvons puiser des ressources réalistes pour *faire de notre mieux*.

La femme arc-en-ciel s'appuie sur son courage féminin et non sur sa volonté. Sans passage en force mais dans la bienveillance vis-à-vis de sa peur, avançant par étapes, s'encourageant et se félicitant pour chaque pas effectué.

L'apprentissage de la femme arc-en-ciel est fait de ces ingrédients : le courage, la compassion, et l'amour. J'ai beaucoup de mal avec les exhortations à faire preuve de volonté lorsque l'on souhaite changer. Je trouve souvent ces interpellations culpabilisantes et inhibantes. Lorsque l'on ne parvient pas à mettre en œuvre les changements désirés, il me semble contre-productif de se tyranniser avec le fait que l'on doit y mettre toute notre volonté en serrant les dents, comme si cela était suffisant.

En revanche, admettre qu'il faut du courage, oui. Je pense qu'il en faut beaucoup pour changer. Et j'admire pour cela les femmes qui prennent leurs peurs à bras-le-corps et qui, tout en étant bienveillantes vis-à-vis de cette émotion, continuent d'avancer pas après pas malgré la peur.

Pour favoriser le changement dans les moments où il est nécessaire, j'ai pour habitude de pratiquer moi-même, et de recommander, la pratique de l'ancrage. Je vous la livre ci-après car elle est très utile pour faire baisser l'anxiété lorsque l'on est contrainte de sortir de sa zone de confort, que ce soit par choix personnel ou parce que la vie nous y oblige.

LA PRATIQUE DE L'ANCRAGE

S'ancrer dans le présent

Respirer et prêter attention à ce qui se passe en soi.

Sentir son cœur

Poser une main sur sa poitrine si cela aide.

Dire :

« Voilà ce que j'éprouve (ici, on peut nommer l'émotion). Et c'est parfait. »

Pratiquer l'étape suivante sans attente particulière

Pardonner, se pardonner, réaffirmer son amour pour soi ou pour l'autre, continuer à marcher en silence, exprimer, accompagner, remercier…

Pratiquer l'ancrage pour favoriser le changement peut sembler paradoxal. En fait, il n'est pas d'exercice plus efficace. Il nous permet de rester en ouverture de cœur alors que nos peurs nous poussent à tout refermer. C'est l'enseignement du maître bouddhiste tibétain Chogyam Trungpa : *« Synchroniser le cœur et l'esprit* ». Ce fondement de la compassion féminine nous permet de nous ouvrir aux autres en laissant tomber les scénarios, et de nous ouvrir à la réalité de la personne ou de la situation dans laquelle nous nous trouvons vraiment en la dépoussiérant de toutes les projections que nous avons sur elle. Nos projections cherchent à nous rassurer, mais elles sont en fait anxiogènes. Seul l'ancrage dans l'instant et l'ouverture de cœur sincère apaisent grâce à la clairvoyance que ces outils permettent. Si je choisis de voir une personne *telle qu'elle est*, et non telle que je pense qu'elle *doit être* ou *va être*, je favorise la possibilité de la surprise, de la confiance, de la bienveillance, de la compassion pour les racines de sa souffrance. Chaque fois que j'essaie d'anticiper et d'analyser selon mon propre filtre de fonctionnement, je me prive au contraire de la douceur et de la chaleur de la connaissance authentique de l'autre.

NE PLUS MENTIR ET SE MENTIR

Il peut falloir à une femme toute une vie pour comprendre les leçons des chakras, en particulier celui de la gorge. Notre éducation ne nous a pas toujours prédisposées à exprimer ce que nous sentons, ou même à se sentir légitimes à le faire. Il s'agit non seulement d'apprendre à énoncer ce que nous estimons juste, à revendiquer ce qui nous appartient et à affirmer verbalement nos limites, mais aussi d'apprendre à dire notre vérité, qu'elle soit bien accueillie ou non. Cela nous expose alors à la déception de l'autre, qui peut être un sentiment très déstabilisant et difficile à gérer pour certaines d'entre nous. Souvenons-nous également du deuxième enseignement du chakra de la gorge : parler et écouter sont une même dynamique de communication. L'écoute qualitative n'est pas aisée pour tout le monde. Lorsque je suis en présence de quelqu'un, mais que je m'écoute à travers ce qu'il me dit (*« Ah, c'est comme moi quand »*), je ne suis pas en train de l'écouter vraiment. L'autre ne vit jamais les choses *« comme moi »*, et dès que je suis prise par un exercice de comparaison, je ne suis déjà plus en train d'offrir une présence de qualité à la personne qui s'exprime. Nous réagissons parfois ainsi pour nous mentir un peu, pour mieux se comprendre ou tout simplement parce que ce que nous dit la personne est trop douloureux et que nous ne parvenons pas à l'entendre réellement sans être débordée émotionnellement. Nous essayons alors de nous approprier ses propos, de les dédramatiser ou de les rationaliser. Encore une fois, chacun est responsable de ses émotions, de ses actions et de ses réactions. Accueillir ce que dit l'autre sans comparaison et sans point de vue est déjà un immense cadeau, bien plus rare et précieux que ce que nous pourrions croire.

La femme arc-en-ciel est responsable de ses émotions, de ses choix, de ses réactions et de ses décisions. Elle ne fait pas porter cette responsabilité à d'autres, et ne prend pas la place des autres dans ces prises de conscience.

Lorsque nous refusons toute émotion douloureuse, nous produisons inconsciemment, et invariablement, une aggravation de ses effets ; que ce soit sous forme d'explosion après un long déni ou sous une forme plus inquiétante encore : le développement d'une pathologie psychosomatique, anodine ou sérieuse. En effet, tous les thérapeutes issus des sciences humaines ou encore les scientifiques, cherchant à comprendre les phénomènes de somatisation, s'accordent pour affirmer qu'une émotion non constatée, non acceptée et non intégrée ne peut pas se désintégrer toute seule. Elle ne disparaît pas quand elle est « sous le tapis[6] ». Le contrôle de l'émotion en question peut être efficace un temps, mais risque de rejaillir sous la forme de troubles anxieux, de difficultés de sommeil, de troubles de l'alimentation ou encore de comportements de dépendance. Si ce contrôle psycho-émotionnel est prolongé au-delà des forces psychiques de la personne, cela peut finir par des débordements émotionnels : syndrome dépressif ou maladie chronique.

6. In *Guérir le stress, l'anxiété et la dépression sans médicaments ni psychanalyse* de David Servan-Schreiber, Pocket Évolution, 2005.

Savez-vous pourquoi le mensonge à soi-même est si épuisant ? Parce que la quantité d'énergie déployée à la distorsion du réel, même lorsqu'il est très difficile, est trois à quatre fois plus grande que celle employée pour son acceptation. Comme vous le savez, un mensonge est une spirale sans fin. Chaque arrangement avec la réalité, même s'il n'est organisé que vis-à-vis de nous-mêmes, va nécessiter de créer d'autres mensonges pour se protéger du réel ou pour couvrir notre secret. C'est d'ailleurs sur cette dépense d'énergie supérieure que se fonde le principe du détecteur de mensonges. Créée par Cesare Lombroso en 1885, cette machine mesure la fréquence cardiaque, la transpiration cutanée, la fréquence respiratoire, la température corporelle, la pression sanguine et le diamètre des pupilles. Cette quantité de paramètres vous donne une idée de tout ce que nous mobilisons physiologiquement lorsque nous mentons, sans même parler de la part psychologique et intellectuelle !

« QUE TA PAROLE SOIT IMPECCABLE [7] »

Le son est une vibration, et votre parole est une des vibrations les plus puissantes que vous puissiez produire. Son énergie ne reste jamais sans effet. La femme arc-en-ciel est ainsi sensible aux mots, à leur puissance, à leur subtilité et à l'effet qu'ils peuvent produire sur elle et sur ceux qui l'entourent. Dans les grandes religions de l'humanité, la

7. In *Les Quatre Accords toltèques* de Miguel Ruiz, Éditions Jouvence, 1999.

parole est créatrice, mais le silence est tout aussi important. Toutes les spiritualités ont laissé une part importante au silence dont nous pouvons nous inspirer, car l'utilisation de cette capacité fait taire le tumulte et permet le recentrage bien plus que tout autre[8]. Son immense simplicité masque souvent sa grande puissance d'action. Nous ne sommes pas familiers avec les bénéfices du silence car il nous renvoie souvent à notre solitude existentielle. Mais si vous êtes ancrée dans le féminin puissant, vous savez que le silence et la solitude ne sont pas la détresse et l'isolement. Ils sont récupération, régénération, clarification de la pensée et de la volonté, expansion de conscience, possibilité de prendre une décision affirmée, réaliste et issue de votre propre désir. Nous sommes la plupart du temps noyées sous des milliers de mots prononcés chaque jour, la société tout entière reposant sur la communication, qui cherche à influencer et à manipuler l'identité et le fonctionnement de chacun dès l'enfance. Cet océan de mots, plutôt que d'aiguiser notre compréhension de la puissance verbale, émousse notre esprit critique et anesthésie nos sens. Lorsque nous comprenons la portée positive de la communication authentique, permise par l'énergie du chakra de la gorge, nous rassemblons nos verbalisations pour qu'elles aillent à l'essentiel ; nous en maîtrisons la portée et les utilisons à bon escient. Car parler à tort et à travers a des conséquences (voir les travaux sur l'eau de Masaru Emoto décrits p. 40).

8. Lire à ce sujet le merveilleux livre de la nonne bouddhiste française, Kankyo Tannier, *Ma cure de silence – Et si on essayait le calme ?*, First éditions, 2017.

La femme arc-en-ciel mesure le pouvoir créateur de la parole. Elle l'utilise à bon escient, ni contre elle-même, ni contre autrui.

« Que ta parole soit impeccable » dit le premier accord toltèque. Une parole impeccable n'agresse pas, ne critique pas et ne juge pas. Elle n'est dirigée ni contre soi-même ni contre autrui. Elle ne colle pas d'étiquette sur les autres, elle ne préjuge pas de leurs défauts, de leurs incapacités, mais fait confiance à leurs ressources, même quand elles sont inhibées ou temporairement dysfonctionnelles.

Don Miguel Ruiz explique que ce premier accord est le plus important mais aussi le plus difficile à honorer. Or sa puissance de transformation est essentielle : je vous encourage à créer un monde meilleur par votre parole. Elle est votre outil d'harmonisation et de paix le plus simple et le plus sensible à la fois. Même s'il est difficile de développer l'exercice de la parole impeccable je vous incite à persévérer dans son acquisition sans vous juger si vous le rompez par inattention. Il est indispensable d'être patiente avec soi-même. Comme l'enfant qui apprend à marcher tombe à de multiples reprises, relevez-vous simplement et reprenez le fil de votre intention. Avec l'expérience, on perçoit les améliorations qu'induit dans notre vie une parole positive : on se sent mieux vis-à-vis de soi-même et nos relations gagnent en clarté et en force.

S'ACCEPTER TOTALEMENT

De façon dichotomique, nos croyances nous poussent à penser que si nous ne sommes pas parfaites, alors nous sommes nulles. En fait, si nous ne sommes pas parfaites, nous sommes tout simplement humaines, donc limitées… comme tous les humains. *L'Acceptation radicale de soi* (titre du livre de Tara Brach, psychothérapeute américaine et instructrice en méditation) se construit dans une dynamique plus globale d'acceptation de ses limites. En cela, elle est liée au sentiment d'impuissance que nous détestons ressentir depuis que nous sommes toutes petites. Vous avez très probablement déjà rencontré des femmes incapables de se détendre, qui ne connaissent pas ce qui leur permet de récupérer des forces, ni même ce qui leur fait plaisir, encore moins ce dont elles pourraient avoir besoin. Ces attitudes proviennent d'une impossibilité à s'observer avec bienveillance et à s'accepter.

D'autres femmes vont s'enfermer dans le mental pour ne pas avoir à percevoir ce qu'il se passe dans le corps émotionnel. Tout événement ressenti est alors immédiatement « mentalisé ». Je ne cherche pas à dévaloriser le mental. Cette part de notre esprit est très utile pour organiser, planifier, analyser de manière approfondie, etc. En revanche, si ce que nous cherchons est le ressenti calme, l'intériorité dans l'instant, la bienveillance envers nous-mêmes, ou encore si nous désirons être reliées à l'ici et au maintenant, ce n'est pas la part de nous qu'il faut mobiliser.

Mon constat est que, chaque fois que nous essayons de refaire le monde en nous demandant *si* et *quand* nous pourrons être *enfin* heureuses, lorsque nous échafaudons de grandes hypothèses sur ce que notre monde *pourrait* ou *devrait* être ou sur ce que nous devrions pouvoir faire, nous ne sommes plus reliées au réel, dans ce constat calme. Nos pensées et nos émotions s'agitent, comme des électrons qui s'entrechoquent, et nous ne sommes ni sereines ni productives ; juste inquiètes, tristes et fatiguées.

CRÉER UN MANTRA PERSONNEL D'ACCEPTATION

Encouragement, valorisation, confiance, paroles bienveillantes, ces quatre indications peuvent vous aider à construire votre propre mantra.

En voici un exemple :

- Tout va passer, le bon et le difficile,
- je peux traverser ce moment,
- tout est parfait et sert à grandir,
- je me donne de la douceur.

POSER UN NOUVEAU REGARD SUR LA VIE

S'accepter sans restriction demande beaucoup de courage et de sincérité. Cela suppose de se voir dans l'ensemble de ce que nous sommes en tant que femme, avec nos ressources et nos zones de fragilité ; avec nos erreurs mais aussi dans le constat tranquille des réalisations pour lesquelles nous pouvons nous féliciter. Une amie disait, en regardant un immense ciel étoilé : « *Nous ne sommes rien du tout et à la fois tranquillement merveilleuses.* » L'amour de soi réside dans le constat équilibré de ces deux pôles présents simultanément en nous. De plus, se sentir « toutes petites » dans le « tout » immense et fascinant qu'est l'univers, ce n'est pas se sentir « nulle » mais à sa juste place, et humble. De la même manière que, lorsque nous reconnaissons nos ressources, nous comprenons que nous sommes singulières et spéciales. Quand nous observons seulement ce qui ne fonctionne pas, croyant ainsi nous améliorer, nous nous privons en réalité de nos capacités d'évolution, de nos talents et de la possibilité de nous aimer. Je déplore que nous pensions encore trop souvent que nous nous aidons en nous « secouant » ou en imaginant le pire pour « s'y préparer ». Se faire violence ne nous aide pas, cela nous tétanise et nous inhibe ; les passages en force vis-à-vis de nous-mêmes ne font rien d'autre qu'augmenter nos résistances inconscientes au changement. La bienveillance envers soi-même, la connaissance de ses capacités, la confiance en la vie sont des démarches apportant un calme intérieur, nous rendant plus réalistes mais aussi plus efficaces dans la concrétisation de nos objectifs positifs.

La femme arc-en-ciel ne cherche pas
à transformer les autres ni à se maltraiter
pour des compétences qui n'existent pas.
Elle sait s'appuyer sur ce qui est
et avance sur son chemin d'évolution
en laissant aux autres
la responsabilité du leur.

Il peut vous arriver d'être consciente dans l'ici et le maintenant, profitant pleinement de ce que vous êtes en train de vivre, mais si vous n'êtes pas entraînée à cette pratique, avouez que c'est rarement le cas ! Les journées, les semaines, les mois filent à toute allure et durant chaque heure votre attention est bien plus souvent portée sur *hier* et *ailleurs* ou tirée en avant vers *demain*, que dans ce qui se passe précisément *aujourd'hui*, encore moins ici, et encore moins maintenant. Lorsque vous êtes capable d'être présente à ce qui compose votre vie, sans jugement, sans mensonge, sans déni, en accueil de ce que vous sentez et en acceptation de qui vous êtes et de ce dont votre réel est composé, l'insatisfaction, la frustration et les ruminations ne sont plus nécessaires. Vos obsessions peuvent lâcher et vos chakras peuvent respirer et fonctionner, vous apportant énergie, qualité de présence, bienveillance au monde et santé.

Pour sortir de nos fonctionnements maltraitants et faire la paix avec soi et avec le vivant, il est indispensable de s'impliquer en activant d'autres fonctionnements internes, plus positifs et plus ressourçants. Plus nous exerçons notre mental à lâcher au profit d'autres systèmes personnels de lecture du monde qui soient plus bienveillants et acceptants, plus nous faisons rapidement la paix en nous lors d'une situation difficile, voire en pleine tempête. C'est cela, le véritable bénéfice de la pratique de la pleine conscience : revenir à soi, se recentrer au milieu du chaos. Retrouver son axe vertical et y trouver le calme, c'est si précieux…

La notion la plus importante que la pratique quotidienne de la méditation m'a enseignée est que *le réel est ce qu'il est*. Je suis aujourd'hui convaincue que la source d'un grand nombre de nos souffrances psychiques est dans notre volonté que la réalité (ou autrui) soit différente de ce qu'elle est. Nous exerçons alors une sorte de tyrannie du réel : nous exigeons de tout et de tous qu'ils soient comme nous le voulons, comme si nous pouvions savoir ce qui est bon pour les autres ou pour le monde en général ! Un enseignement en particulier est à l'origine de cette conviction : tandis que je ne comprenais rien à ce qu'était méditer et que je m'acharnais désespérément à tout bien faire comme une bonne élève, une instructrice m'expliqua un jour que méditer, c'était juste regarder son monde intérieur avec la même attention que la petite fille qui observe la chenille ou l'escargot placé avec bienveillance sur quelques feuilles et brindilles dans un pot de confiture au couvercle percé de petits trous. Elle regarde l'animal attentivement, elle s'émerveille parfois, et, sans le verbaliser, elle est présente à ce pot de confiture et à l'être vivant qui est dedans. Ça a été fulgurant. J'ai immédiatement ressenti corporellement et intimement l'idée de ce que pouvait être la méditation.

Dès que je suis en tailleur sur mon coussin, je revois passer en un quart de seconde les scarabées, les fourmis, les coccinelles, les fleurs de chèvrefeuille que l'on suce, les boutons d'or que l'on presse contre le menton, les fossiles que l'on ramassait enfant, l'été, et c'est parti. Je suis en moi, en train de constater, d'observer, sans juger, sans but, ce qui est. Mes pensées me happent, et je me recentre. Et le même exercice a lieu encore et encore, m'apprenant la patience, la présence, l'acceptation, et l'alignement dans la tourmente.

EXERCICE DE L'OBSERVATION DES CHENILLES

Reprenez la définition de la méditation s'inspirant de l'enfant qui observe ses petites trouvailles de la nature dans un bocal. Choisissez les trésors naturels qui vous plaisent le plus : insectes, cailloux, coquillages, fleurs, feuilles.
Prenez le temps de les chercher, de les sélectionner, de les ramasser, de les rapporter chez vous et de les observer, comme si vous n'aviez rien vu de tel auparavant. En étant présente à la magie de l'instant, de l'observation du réel tel qu'il est, simplement merveilleux.

« TU ES, DONC JE SUIS »

L'essayiste indien Satish Kumar postule que chaque être humain est relié en tout point aux autres et, par extension, que se changer soi, c'est changer le monde. Il s'inscrit en faux face à la pensée individualiste occidentale, qui, non seulement est pour lui aux origines de la violence, mais surtout commet une erreur de jugement gravissime, et peut-être déjà irréparable en ce qui concerne la survie de la planète. Le proverbe sanskrit *So Hum* qu'il traduit par « Tu es donc je suis », titre de son ouvrage essentiel, est devenu son mantra et sa sagesse de vie dans un monde au sein duquel les relations sont interdépendantes, bienveillantes et solidaires, et non fragmentées.

Le psychologue Yves-Alexandre Thalmann, dans le même ordre d'idées, relate qu'*« on méconnaît les fonctionnements émotionnels en Occident, croyant souvent que ce que nous ressentons est lié à ce que font ou disent les autres »*. Nous sommes convaincues que, si nous sommes tristes ou en colère, c'est parce que les circonstances extérieures le justifient. En réalité, personne ne peut créer d'émotion en dehors de vous-même. Vous seule décidez de la réponse émotionnelle que vous souhaitez produire. Nos sentiments et ressentis proviennent de la réponse intérieure que nous apportons à des événements extérieurs, souvent en lien avec des croyances qui donnent lieu à des interprétations. Cela veut dire qu'il est indispensable que vous fassiez la différence entre les émotions ressenties (elles sont toutes autorisées) et la réaction que vous choisissez d'y associer. L'émotion est un ressenti légitime en toutes circonstances, en revanche, le comportement que vous manifestez pour la soulager, l'exprimer, en nier la responsabilité, etc., n'est pas forcément bon pour vous et peut blesser les autres. Ma première psychothérapeute a passé cinq bonnes années à me donner, en substance, une seule consigne : *« Prends la responsabilité de tes émotions.* » J'ai mis beaucoup de temps à comprendre comment mettre sa recommandation en pratique. Mais les effets positifs de cette prise de responsabilité intégrée sont innombrables et inestimables, en moi et dans ma relation avec ceux qui m'entourent. Au travers des changements que je souhaite pour moi, je fais bouger les lignes de mes relations à autrui vers une plus grande qualité d'être. L'exigence se niche en tout premier lieu en moi, par moi et pour moi. Le chemin de changement que peuvent emprunter les autres n'est qu'un effet rebond ; et dans tous les cas les critères de ce chemin sont les mêmes pour les autres que pour moi : en eux, par eux, pour eux.

La femme arc-en-ciel accepte ses ressentis et favorise leur expression respectueuse pour soi et autrui. Elle travaille sur ses réactions et sur les comportements qu'elle associe à ses émotions.

Quand deux personnes ont une conscience mature de leur responsabilité émotionnelle, aucune n'accuse l'autre d'être la cause ou l'origine de ses émotions difficiles et encore moins des comportements dysfonctionnels associés. En effet, nous pouvons tous ressentir de la colère, de la haine ou même de la rage. Mais nous ne sommes pas « obligées » ou contraintes de mal nous comporter comme devenir violentes, manipulatrices ou avoir des comportements blessants lorsque nous ressentons ces émotions. Heureusement si parfois nous rompons cet engagement à prendre soin de nous-mêmes, et des autres, il est toujours possible d'y remédier. Se pardonner est une démarche parfois plus longue que pardonner tout court… Nous pouvons commencer par reconnaître que nous avons rompu cet engagement en fermant notre cœur. Nous pouvons alors renouveler notre vœu et reprendre le chemin nouveau que nous avions l'intention de créer.

APPRENDRE À AIMER INCONDITIONNELLEMENT

Bien entendu, il y a des gens que vous avez du mal à aimer, des situations qui mettent du temps à être acceptées et intégrées… Employeur, collègues, frères, sœurs, conjoint… Qui figure sur votre liste de personnes difficiles à aimer ? Peu à peu vous pouvez apprendre à être reconnaissante vis-à-vis d'eux. Malgré toute la colère ou la peur que leur présence peut réveiller en vous parfois, ils sont vos enseignants. Ils se présentent à vous au moment même où vous en avez besoin pour travailler les points difficiles en vous, là où votre cœur s'agrippe aux anciens fonctionnements. Dans un de ses enseignements, la nonne zen Pema Chödrön nous livre une clé de compréhension des aversions que nous pouvons ressentir à l'égard d'autres personnes : « *Dans votre vie, ce sont les perturbateurs qui vous font comprendre que vous vous êtes fermée, que vous avez revêtu une armure, que vous vous êtes caché la tête dans le sable. Si vous ne vous mettiez pas en colère contre eux, si vous n'en aviez pas assez d'eux, vous ne pourriez jamais cultiver la patience. Si vous ne les enviiez pas, vous ne penseriez jamais à transcender votre méchanceté afin de vous réjouir de leur chance. Si vous ne rencontriez jamais d'adversaire, vous pourriez penser que vous êtes meilleur que les autres et vous critiqueriez avec arrogance leur comportement au lieu d'agir sur le vôtre.*[9] »

La femme arc-en-ciel apprend de ses épreuves tout autant que de ses réussites, de sa haine et son agacement autant que de l'amour et du désir. L'échec lui sert d'invitation à l'exploration.

C'est la raison pour laquelle nous apprenons plus de nos échecs que de nos réussites. Nos compétences, aussi élevées soient-elles, notre potentiel, nos amis, nos parents, notre conjoint, la meilleure psychothérapie du monde ou même des richesses innombrables ne peuvent nous éviter les erreurs et les déconvenues. Pour une raison simple : il n'y a que de cette manière que l'être humain apprend, grandit et maîtrise de nouvelles connaissances et compétences. L'expérience est une donnée essentielle à l'apprentissage et, à ce titre, nous passons toutes par là pour grandir. C'est l'expérience de la petite fille qui apprend à marcher en se tenant aux meubles, puis les lâche et tombe à plusieurs reprises sur les fesses. Après un temps d'apprentissage, elle s'élance, fait ses

9. In *Conseils d'une amie pour des temps difficiles*, Pocket, 2003.

premiers pas, puis se met à courir sans même y réfléchir ! Mais on ne peut y parvenir sans quelques bosses. Les Anglo-Saxons ont une expression très parlante : « *Sometimes you win, sometimes you learn* » (Parfois vous gagnez, parfois vous apprenez). Le maître tibétain Chogyam Trungpa conseille d'essayer des solutions dans une situation donnée en les prenant pour ce qu'elles sont : une exploration. « *Vivez votre vie comme une expérience.* » Parfois, le résultat vous indiquera que cela a fonctionné. Ce sera une bonne surprise et vous pourrez vous féliciter. Parfois, vous aurez appris quelque chose, et vous pourrez essayer autre chose.

EXERCICE : FAIRE HO'OPONOPONO POUR RÉTABLIR LA PAIX

Ho'oponopono signifie littéralement « remettre les choses en ordre » ou encore « rétablir l'équilibre ». Il s'agit d'une sagesse hawaïenne de guérison destinée à rétablir la paix en soi mais aussi au sein d'une famille ou d'une communauté.

Elle repose sur un mantra très simple à mémoriser et que vous pourrez répéter intérieurement chaque fois que vous serez déstabilisée ou qu'une relation vous blesse et que vous perdez le contrôle.

« Je suis désolée,
je te pardonne,
je te remercie,
je t'aime. »

Cette phrase peut bien sûr s'exprimer en intention vers quelqu'un mais aussi, de façon très puissante, envers soi-même. Lorsque nous prenons le temps de nous demander pardon, de nous pardonner, de nous remercier et d'apprendre à nous aimer, nous libérons de l'espace pour créer de nouvelles modalités de fonctionnement et devenons plus créatives dans la recherche de solutions.

Apprivoiser ces nouveaux chemins de vie, en connaissance de soi-même et des forces énergétiques qui nous traversent est précieux et contagieux. Tout d'abord envers les personnes qui vous sont très proches, en particulier vos enfants si vous en avez. Je constate chaque fois avec étonnement que, lorsqu'une maman travaille sur elle en psychothérapie, ses enfants bénéficient des avancées maternelles sans rien faire, comme si une reprogrammation cellulaire s'effectuait, une sorte de « mise à jour » à partir des nouvelles données émotionnelles de la mère. Une amie énergéticienne a qualifié ce que j'observais de manière empirique de « travail de la matrice ». Je ne sais pas l'expliquer mais je constate que les enfants de ces mères-là savent dire « J'ai peur / Je déteste cette situation / Je m'en veux / Je suis triste / Je sens de la colère lorsque tu me dis ça / J'ai besoin de toi / J'aime être avec toi / Je suis content que tu me dises ça / Je t'aime ». Je note également que lorsqu'une mère transforme un aspect de sa vie qui avait du mal à lâcher, ou une attitude dysfonctionnelle héritée du transgénérationnel, ses enfants ne les reproduisent pas ou cessent de les reproduire !

De la même façon, nos avancées interagissent avec un cercle large de personnes autour de nous. Un changement d'attitude interne a des conséquences innombrables et rapidement tangibles sur les dynamiques à l'œuvre dans notre vie, et en particulier les dynamiques relationnelles. Je me souviens d'avoir travaillé il y a quelques années sur la question de l'amour inconditionnel. Comme beaucoup de personnes portant la blessure de rejet, j'aspirais profondément à recevoir ce sentiment sans le comprendre, et sans pouvoir l'accepter lorsqu'il m'était offert. Un jour, j'ai demandé à ma psychanalyste de m'aider à pardonner à mes parents des blessures de mon enfance. Je me souviens qu'elle m'a répondu : *« Ce n'est pas mon travail de faire cela.* » J'ai su instantanément que mon travail avec elle était terminé. La psychothérapeute suivante, à qui j'ai formulé la même demande, m'a répondu : « *Et vous, les aimez-vous inconditionnellement ?* » Je me souviens avec une acuité mordante de quelle façon mon cœur a hurlé : « *Quoi ? Mais c'est à EUX de faire ça !* » Néanmoins j'ai fait le silence en moi et j'ai réfléchi : pourquoi pas ? En effet, je leur demandais quelque chose, mais étais-je capable de le leur donner ? Pourquoi le travail ne commencerait-il pas par moi ? Cette démarche a totalement transformé ma relation avec mes parents. D'abord parce que j'ai pu assimiler, intégrer et éprouver de l'intérieur ce que signifiait pour moi aimer inconditionnellement. Et aussi parce que j'ai pu voir de mes yeux et de tous mes sens la dynamique à l'œuvre. Leur offrir mon amour de façon inconditionnelle m'a permis d'autoriser mon cœur à recevoir le leur. Tant que je le leur refusais, noyée dans ma rancune et la douleur de ce que je n'avais pas pu dire, et qu'ils n'avaient donc pas pu comprendre, je ne pouvais pas l'expérimenter pour moi. Je n'étais pas « d'accord » pour le recevoir.

VERBALISER L'AMOUR INCONDITIONNEL

Il peut s'exprimer de la façon suivante :

« Qui que tu sois, et aussi différent/e et lointain/e de moi et de mes fonctionnements que tu puisses être,
Quels que soient tes décisions,
Tes choix,
Tes préférences,
Tes réactions,
Tes émotions,
La façon dont tu choisis de vivre les choses,
Tes croyances,
Les actes que tu poseras,
Je t'aime.
Je ne cautionnerai pas forcément tout, nous aurons des désaccords, je serai parfois heurtée, parfois peinée par certaines de tes réactions ou décisions, mais je ressentirai envers toi et je t'exprimerai de façon limpide et généreuse un amour et une confiance sans conditions et sans limites, car j'en prends la décision.
Je n'attends donc rien de toi en retour.
Je prends la responsabilité de faire évoluer et fructifier en moi l'amour inconditionnel, pour moi, et pour toi. »

LE POUVOIR DE LA COMPASSION

À l'invitation de votre chakra du cœur, la pratique de la compassion est une des grandes ressources de la femme arc-en-ciel. En effet, le stade amoureux n'est que la première capacité de production du chakra du cœur. La qualité, le degré et la nature de l'amour produit par l'énergie qui circule en lui sont bien plus subtils, abondants et complexes que celui que l'on peut donner à une personne en espérant être aimée en retour. L'activité liée au chakra du cœur permet à la femme arc-en-ciel de chérir, de prendre soin, de soutenir, de protéger, elle-même en premier lieu et ceux qui l'entourent. L'amour qu'elle donne n'est ni intangible ni abstrait, il est dynamique dans son action et actif dans son principe même. Il donne à celle qui le vit une qualité particulière d'être qui émane de ce chakra. C'est cette énergie particulière que nous reconnaissons aux enfants, sans pouvoir poser de mots précis dessus : elle dit en un seul mouvement *« Je te donne de l'amour sans compter ; j'accepte d'être aimée de toi »* (les deux énoncés sont importants). L'intensité physique de ce sentiment, qui peut aller jusqu'à la douleur réelle du cœur lorsqu'il vit des blessures profondes comme celles du rejet, de l'abandon, de l'humiliation, de l'injustice ou de la trahison, explique que nous cherchions à l'éviter et que nous inhibions son énergie lorsque nous avons été trop profondément blessées. Si nous parvenons à relancer la force du cœur, dans l'innocence et l'acceptation dont est capable notre petite fille intérieure, nous pouvons parcourir la vie en rayonnant de cette ressource. Vous connaissez sûrement des femmes qui respirent l'ouverture et la capacité d'amour et dont la compassion est infinie. Cela se lit sur leur visage et leur énergie souriante. Contrairement aux idées reçues, ces femmes ne seront pas maltraitées en raison d'une trop grande gentillesse. La capacité de cœur, quand elle est mature, va avec la capacité à poser des limites, à se respecter et à se faire respecter qui est permise par l'énergie du chakra solaire alimentant le chakra du cœur. Lorsque les trois premiers chakras fonctionnent en harmonie et en puissance, nous sommes capables de prendre soin des autres de façon ajustée, sans avoir peur de blesser ou d'être blessée. Cette énergie vivante de réparation provient naturellement du chakra du cœur.

Comme l'explique Pema Chödrön, « *l'engagement à ne pas causer de mal est le fondement de l'engagement à prendre soin des autres. S'entraîner à ne pas parler ou agir d'une façon qui aggravera la souffrance, s'entraîner à reconnaître nos déclencheurs et à ne pas fuir notre malaise est essentiel si nous souhaitons aller plus loin*[10] ». Tout est dit. Cette implication dans notre environnement nous aide à développer une relation amicale avec nous-mêmes, et cette relation peut enfin s'approfondir lorsque nous commençons à nous observer attentivement et à modifier les habitudes qui nous font souffrir. Le principe essentiel est le choix d'un chemin cognitivo-émotionnel nouveau et positif. Les recherches en neuropsychologie de ces vingt dernières années ont fait une découverte spectaculaire qui a changé pour toujours la façon de pratiquer la psychologie : la plasticité neuronale.

10. In *Vivre heureux quand tout change et tout est incertain*, Synchronique éditions, 2015.

Cela veut dire que nous pouvons, à tout moment de la vie, modifier des habitudes comportementales ou des réactions que nous avions acquises et ancrées. Les études publiées par les neuroscientifiques Antoine Lutz et Francisco Varela ont montré par exemple que l'entraînement à la méditation provoque des changements fonctionnels dans le cerveau. La pratique de la méditation induit ce qu'ils appellent la « neuroplasticité », c'est-à-dire une réorganisation de l'activité neuronale. Celle-ci ne serait pas seulement fonctionnelle, mais toute la structure du cerveau serait modifiée par cet entraînement.

Prendre l'engagement de ne pas ajouter de souffrance à la difficulté de vivre les épreuves que propose la vie est un fondement essentiel de la femme arc-en-ciel. Au contraire, elle s'appuie sur sa capacité infinie de compassion, lui permettant de vivre une acceptation radicale du réel et l'invitant à la souplesse et à la compréhension des complexités du monde.

Pour illustrer le changement de chemin cognitif que nous pouvons choisir lorsque nous voulons modifier une façon de fonctionner, j'aime utiliser l'image d'un sentier à travers champs. Comment a-t-il été constitué ? La femme est passée et repassée à travers le champ, toujours au même endroit. Peu à peu l'herbe s'est aplatie puis clairsemée, a été dispersée, et finalement n'a pas repoussé, ce qui a laissé la place à un sentier. L'emprunter et s'y promener est devenu de plus en plus aisé, et plus personne ne songerait dorénavant à passer autrement.

La plasticité neuronale consiste à mettre en œuvre votre compétence à créer un nouveau chemin. Comme dans la vie, il s'agit alors de renoncer à vos habitudes pour choisir pendant un temps une nouvelle route moins aisée. Au début, vous aurez à écraser les herbes hautes, ce qui est fastidieux et difficile. Mais vous serez récompensée en arrivant enfin au bon endroit. Peu à peu, vos herbes d'habitudes mentales se raréfieront. Néanmoins chaque fois que vous serez fragilisée, vous aurez tendance à emprunter de nouveau votre ancien chemin d'herbes folles, mais vous pourrez modifier plus facilement vos anciennes habitudes si, par la discipline et la pratique, vous avez renforcé votre « désherbage ». Dans tous les cas, vous rendrez plus aisé ce nouveau chemin jusqu'à en faire une nouvelle habitude de vie.

La femme arc-en-ciel sait
qu'elle peut choisir de nouveaux chemins
de vie, créer de nouveaux comportements.
Afin de s'engager pleinement
dans la démarche de la bonté d'être,
elle comprend qu'elle doit d'abord
l'exercer envers elle-même
pour que la bonté se déploie
aussi envers son environnement.

Quand nous atteignons nos limites, quand la vie déclenche nos réactions habituelles, nous pouvons nous entraîner à les identifier et à les empêcher de nous nuire, car nous savons que, si nous parlons ou agissons de la sorte, nous ne serons plus capables de réagir de façon appropriée et positive, et notre créativité bienveillante dans le monde en sera non seulement compromise mais aussi annulée au profit de ce qui nous fait souffrir et fait souffrir les autres (ce qui est la même chose).

CHERCHER L'HARMONIE EN SOI ET AVEC LE MONDE

Pour les hindous, les chakras captent toutes les vibrations de leur environnement. Grâce à leurs différentes fonctions, interdépendantes et rattachées à tous les aspects de notre fonctionnement physiologique, ces centres énergétiques nous relient à tout ce qui se passe en nous, autour de nous, dans notre environnement et dans la nature, jouant un rôle d'antenne énergétique.

Notre univers entier est imprégné des rythmes et des cycles, qui sont des moments d'alternance et de mouvements de la vie que les femmes connaissent bien, grâce notamment aux cycles menstruels, et avec lesquels elles composent plus ou moins bien. De façon générale, plus nous comprenons et respectons les cycles du vivant et de nos besoins, plus nous retrouvons d'énergie sereine et de plaisir à fonctionner.

La femme arc-en-ciel est en lien de compassion et de solidarité avec tous les êtres vivants. Elle se sent unie à eux en communauté de destin et en responsabilité d'amour et de paix.

Nous pouvons nous relier à la présence de ces rythmes dans tous les éléments du vivant : les battements de notre cœur ou notre respiration, les marées et les saisons, les changements de lumière et de rythme entre la nuit et le jour, les alternances de pleine et de nouvelle lune, etc. Comme la nature respecte des phases évolutives qui ne sont pas interchangeables, nous gagnerions aussi à avancer étape après étape sur notre chemin d'évolution, en alternant énergie et récupération, création et introspection, feu et douceur, le donner et le recevoir, sans nous faire violence ni vouloir être déjà arrivées alors que nous n'avons, ni fait évoluer nos attitudes intérieures vis-à-vis de nous, ni pris le temps de nous imprégner de nouveaux fonctionnements plus respectueux. Nous pouvons alors lâcher prise, et accueillir les enseignements de ce qui est en nous et de ce qui nous entoure.

DÉCOUVRIR LE VÉRITABLE LÂCHER-PRISE

Que signifie vraiment « lâcher prise » ? Comme le décrit très finement l'essayiste Alexandre Jollien, il s'agit de « *s'abandonner totalement à la vie* », comme un enfant s'abandonne en confiance dans les bras de ceux qui l'accueillent sur Terre. Il n'est pas d'acte de confiance plus beau et plus consolateur.

Mais quelle est donc cette « prise » à laquelle nous nous agrippons et que toute la littérature de sagesse ou de développement personnel nous demande de lâcher ? Comme le dit Gilles Farcet, écrivain français spécialiste de spiritualité : « *Au commencement de toute prise se trouve l'ego* ». Il s'agit en quelque sorte de comprendre et d'accepter que nous ne sommes pas seules à décider de tout ce qui intervient. Et lâcher une prise est extrêmement anxiogène, surtout si le vide est en dessous de nous : lâcher cette prise mais pour prendre quoi ?

Bien que nous ayons du mal à l'accepter, nous vivons dans une forme de toute-puissance et surtout dans une totale illusion : celle de pouvoir tout contrôler si nous nous donnons suffisamment de peine, et d'obtenir tout ce que nous voulons par la même technique (serrer les dents, être sur le pont du matin au soir, penser à tout, anticiper tout, savoir tout, être partout, et une multitude d'autres considérations irréalistes qui nous traversent).

La femme arc-en-ciel accepte de ne pas tout savoir, de ne pas tout comprendre, et que tout ne soit pas utile. Elle gagne alors en souplesse et en agilité de vie.

Ce qui nous pose problème dans le lâcher-prise, c'est très souvent que nous l'assimilons à une attitude où nous baissons les bras, au renoncement dans le sens de la résignation. Or, il ne s'agit pas de se résigner, mais d'être consciente de ses limites. Plus je suis consciente de mes limites, dans le sens de les constater sans les dénigrer ou en être frustrée, plus mon potentiel est grand car il part de ce qui *est* sans se fatiguer à contrôler ce qui *pourrait être*. Au contraire, moins je suis dans mes pensées parasites et mes négociations stériles avec le réel, plus vite je peux être dans la décision, dans l'agir, et dans la mise en place de ce qui me correspond, et aussi dans la contemplation et l'émerveillement sans but autre que l'amour et le bonheur d'être en vie.

Nous avons bien du mal à trouver une terminologie en français qui exprime clairement ce que suppose le lâcher-prise, car la démarche nécessite une dynamique bien plus volontaire que le terme le laisse à penser. Nos conditionnements sont puissants, nous sommes « cellulairement » convaincus qu'il faut se battre pour survivre, et toute autre démarche nous semble naïve ou folle tant cette pensée est ancrée, appuyée par le transgénérationnel. Pourtant, cette démarche, plutôt que nous tétaniser par la peur de ce qui pourrait être, réintroduit du mouvement par la confiance lucide : cela vous permet d'accéder à vos potentiels.

La femme arc-en-ciel s'abandonne au mouvement de la vie en cessant de lutter contre elle, ce qui lui permet d'accéder à ses vrais potentiels.

Le lâcher-prise est donc un acte de confiance, mais ce n'est pas d'une confiance crédule ou innocente dont il s'agit. Cela implique plutôt de se connaître dans ses ressources et ses vulnérabilités, de reconnaître les autres comme valables dans leurs différences et de faire avec ce qui se présente dans l'ici et le maintenant. En anglais, on dit : « *Let it go* »... J'aime cette expression qui invite à *laisser* circuler le mouvement de la vie.

Dans les textes sacrés hindous le lâcher-prise est envisagé comme l'action de s'abandonner, dans le sens le plus beau de cette expression, qui nous est moins familier : celui de se laisser aller à une confiance infinie. C'est en effet la première décision consciente de lâcher prise sur un événement qui est la plus difficile. Ensuite, le constat du calme qui suit le lâcher-prise vous aidera à tenir face à la difficulté de votre décision initiale. Vous pourrez alors vous laisser gagner par la capacité d'émerveillement, reprendre un chemin oublié : celui de votre innocence, qui n'est pas la dépendance, contrairement à bon nombre d'idées fausses. Comme nous y exhorte l'écrivain Tahal Ben Shahar, « *il s'agit ici de réapprendre à percevoir le monde – et la vie – sous la forme d'un miracle en marche* », un miracle qui nous échappe totalement mais devant lequel nous pouvons nous extasier et ressentir une gratitude sans chercher d'utilité à ce que nous vivons.

SE LAISSER PORTER

Lors d'un séjour à Bâle, en Suisse, j'ai plongé dans le Rhin et me suis laissé porter par son courant, comme aiment à le faire de nombreux Bâlois. La sensation que j'ai ressentie lors de cette expérience est la plus proche à mes yeux de la dynamique consistant à s'abandonner dans la confiance en la vie.

Je vous propose en guise d'exercice de vous visualiser en train de vivre cette expérience dans la conscience de votre corps.

Que ressentez-vous face à cette liberté et cette confiance ?

FAIRE PARTIE D'UN GRAND « TOUT »

Le besoin irrépressible de l'humain de donner du sens à son trajet de vie sur Terre impulse notre compréhension de la transcendance, de ce qui nous dépasse et nous y relie, grâce à ce qu'est véritablement la foi : une assurance ferme de l'existence du divin sans en avoir aucune preuve.

Après une longue phase d'allergie collective à toute forme de religion, la spiritualité reprend sa place peu à peu dans nos sociétés occidentales. Une approche plus respectueuse, subtile, singulière et collective à la fois se dessine, en particulier grâce à la diffusion massive en Occident de la pratique de la méditation de pleine conscience issue du bouddhisme.

Plusieurs chercheurs, en grande majorité psychiatres et psychologues, l'ont laïcisée, adaptée à notre modernité en l'organisant sous forme d'exercices, ce qui l'a largement démocratisée. Ils voulaient tout d'abord soigner des comportements porteurs de souffrance (dépendances et dépression en particulier). Mais ils souhaitaient également ancrer de façon durable un exercice de l'esprit, qui peut changer le vécu de milliers de personnes, individuellement et aussi sous forme collective, grâce à une prise de conscience entraînant des relations nouvelles, respectueuses et apaisées. L'ouverture d'esprit dont ces chercheurs ont fait preuve a autorisé bon nombre d'entre nous à se réapproprier la part spirituelle de notre être, de façon souple et constructive, mais aussi singulière. De manière décomplexée, nous prenons aujourd'hui ce qui nous correspond le mieux, ce qui s'accompagne de plus d'ouverture, de plus de présence de cœur authentique.

La femme arc-en-ciel accepte de s'abandonner en confiance à ce qui la dépasse, à une sagesse infinie et indicible.

J'ai été profondément marquée par mes recherches sur les personnes résilientes : elles mentionnent de façon unanime que l'une des choses qui les avait le plus aidées à rebondir après une épreuve, ou plus simplement à trouver les ressources pour les traverser, était la spiritualité, différente selon les individus, mais faisant partie de leur vie de façon régulière. Elle se concrétisait sous la forme d'une intériorité, souvent silencieuse, bienveillante vis-à-vis de soi, qui prend soin, qui soutient, qui accompagne.

La spiritualité a toujours constitué le fondement de nos valeurs humaines. En ce sens, la pratiquer, d'une façon qui nous corresponde, nous permet de bénéficier d'un socle de valeurs qui fondent notre éthique personnelle. Cela permet aussi, et surtout, d'inspirer notre chemin, notre lien à la vie, grâce à l'acceptation de l'existence de mouvements qui nous transcendent, mystérieux et indicibles. Le ressenti que procure cette acceptation est souvent bénéfique, car il est une réhabilitation de soi-même, de sa valeur personnelle, de sa singularité autant que sa place inestimable et irremplaçable dans le « tout ».

TOUT EST PARFAIT

La première fois que j'ai entendu cette phrase, cela m'a fait l'effet d'une bombe. Mon esprit rationnel cherchait à déconstruire ce qui lui semblait absurde et contraire à sa perception du monde. Pourtant, je dois admettre que cette affirmation est probablement vraie en un sens qui nous échappe et qui nous dépasse. Elle rejoint le constat de tous les textes sacrés qui se sont intéressés à la pulsion de vie ou à notre élan vital. Cet élan est un élément essentiel de ce que nous sommes chaque jour, et qui nous guide vers notre mission de vie.

Les étapes qu'il nous impose sont parfois douloureuses, parfois fluides si nous sommes en confiance et prêtes à entrer dans l'acceptation. Il nous suit tout au long de la vie, nous amenant vers un processus positif d'épanouissement et de développement. Cet élan de vie, qui travaille à la fois en conscience et dans notre inconscient – donc dans le champ de ce que nous percevons mais aussi de ce que nous ne percevons pas –, souhaite que nous nous réalisions, que nous nous accomplissions, et il met tout en œuvre pour cela. Ainsi, même si certains moments de vie peuvent nous déstabiliser pendant un temps, nous faire perdre souffle et espérance, cette ressource de vie en nous sait être utile à notre croissance et à notre retour à l'équilibre.

Je vous invite à vous faire confiance, et à vous reposer sur votre élan vital, pour le meilleur et… pour le meilleur.

Conclusion

Les textes anciens des Upanishad nous disent que nous venons au monde sans savoir de quoi sera composé le chemin de notre vie. Nous allons traverser des émotions et nous confronter à des intempéries avant de pouvoir fonctionner en pleine conscience de notre potentiel. Les chakras sont exactement là pour cette raison : ce sont les messagers les plus précieux de votre être. En vous guidant à travers vos zones de vulnérabilité vers l'expression de votre plein potentiel, vous irez à la rencontre de vos souffrances passées, comprendrez vos fragilités actuelles et panserez vos plaies avec attention et délicatesse, en profondeur.

J'aimerais que vous preniez soin de vous en sincérité, en acceptation.

Je souhaite également que vous ayez compris à quel point les vibrations de votre parole et l'énergie de vos actions peuvent changer le monde, votre environnement, et vous transformer. J'aimerais que vous n'ayez plus peur de vous sentir impuissante, sachant que ce sentiment ne fait que permettre l'acceptation de vos limites et que cette intégration vous rend plus humble, plus en lien avec le réel, ce qui permet à d'autres personnes de prendre leur place aussi, de mesurer leur responsabilité, de s'impliquer dans leur chemin de vie.

Ce qui m'interpelle le plus, au moment de conclure, est encore une fois l'interconnexion puissante qui existe entre nous toutes et tous. Assurément, je suis toi, et tu es moi. S'il y a un message que j'aimerais que vous conserviez de la lecture de cet ouvrage, il tient dans ce mantra. La méthode que je vous ai proposée tout au long de ces pages, a pu faire correspondre aisément, dans une grande cohérence, des recherches et des pratiques diverses menées à travers le temps et l'espace par des personnes différentes, d'époques différentes et vivant à des endroits divers sur cette Terre. Je trouve fascinants tous ces liens et ces ponts du vivant. J'aime que nous nous intéressions à ce qui nous rassemble plutôt qu'à ce qui nous divise. Plus j'avance dans la compréhension des philosophies et des spiritualités, plus je comprends à quel point nous sommes tous liés, et cela apporte une sérénité nouvelle, loin des rapports de force et des conflits.

En ce sens, faire la paix avec soi-même me semble aussi indispensable. La femme arc-en-ciel enseigne l'unité, l'amour et la compréhension mutuelle entre les peuples et les personnes, mais elle cherche le conseil dans la solitude. Elle aime retourner au sommet des collines pour prier et jeûner, et se retrouver dans la solitude des forêts ou des déserts pour trouver la force. Elle comprend et connaît les pouvoirs des animaux et des plantes, ne prenant rien de plus que le nécessaire aux besoins de sa survie. Elle cherche à marcher dans la nature en harmonie avec la vie. C'est le sens de *Sagesse des chakras au féminin* : plus vous panserez vos blessures, plus vous serez en harmonie avec votre soi profond. Ce n'est pas à l'extérieur de vous qu'est la possibilité de transformation, elle est, au contraire, nichée en plein cœur de votre sensibilité, de votre délicatesse, de votre singularité, et de tout ce qui fait que vous êtes authentiquement vous.

Je vous souhaite de belles découvertes, et une belle route vers vous-même.

Namaste.

Les portes du monde sauvage sont rares mais précieuses. Si vous avez une cicatrice profonde, c'est une porte, si vous avez une vieille histoire, c'est une porte. Si vous aimez tellement le ciel et l'eau que vous ne pouvez presque pas le supporter, c'est une porte. Si vous aspirez à une vie plus profonde, une vie pleine, une vie saine, c'est une porte.

Clarissa Pinkola Estes

Remerciements

J'aimerais bien sûr et avant tout remercier tout le continent indien pour sa beauté : ses paysages, ses sagesses, sa spiritualité, sa médecine, son humanisme, le cœur immense de ses habitants et leur intelligence vive et profonde.

Plus précisément, j'aimerais offrir toute ma gratitude au Dr Biju du Bio Veda Ayurvedic Center d'Agonda à Goa en Inde. Il a passé des heures à me transmettre son savoir, et sa famille a été d'une douceur infinie envers moi. Merci pour tout ce que vous m'avez appris et toutes les portes que vous avez ouvertes en moi, généreusement et chaleureusement.

Je remercie également l'école Sampoorna Yoga, à Goa également, et en particulier son enseignant principal et lumineux, Rishi Sudhir : *You've been a light for me.*

Je souhaite mentionner ici les heures d'explication fournies par l'équipe du Dr Seena Rajendran, à Kovalam dans le Kerala. Vous avez été une magnifique rencontre. Je pense beaucoup à vous, à tout ce que vous m'avez enseigné, par la transmission de vos connaissances mais aussi par vos magnifiques qualités humaines. Merci aussi à John, Chinju, Jerry, et tant d'autres.

Pour que ce livre puisse se retrouver entre vos mains, il a aussi fallu bien des heures de travail appliqué, professionnel, exigeant et bienveillant à l'équipe des éditions Leduc.s : Sophie Rouanet, mon éditrice adorée ; Sandrine Navarro et sa patience infinie ; Florence Noblet et son professionnalisme (et son rire !), ainsi que Lara Boso. Merci.

Une immense gratitude va à Anna Gibson qui m'a initiée au yoga face aux arbres du parc, et à tous mes enseignants.

Je souhaite aussi mentionner avec tendresse mon amie Valérie Latour-Burney, amoureuse généreuse et infatigable de l'Inde et du Japon : j'ai tant appris en t'écoutant.

J'aimerais également remercier les enseignants d'Esprit Clair, un centre de formation à la pleine conscience à Paris. La Docteure Yasmine Lienard, sa fondatrice, une femme inspirante comme il en existe peu, dont l'intelligence et le sourire nous transportent, mais également Thi Bich Doan, Eric Salaun, Dat Phan, Olivier Raurich, Jacques Fradin, Géraldine Desindes. Merci pour votre implication, votre intégrité et vos enseignements passionnants et ressourçants. Vous m'avez tant appris !

J'ai une immense gratitude pour l'existence, la dévotion, l'implication à changer le monde d'Amma, figure spirituelle indienne. J'ai reçu le *darshan*, son étreinte, pour la première fois durant l'écriture de ce livre, elle n'est donc pas étrangère à la question de l'amour désintéressé que je vous propose. Cette étape a été essentielle dans ma vie, j'ai compris intuitivement beaucoup de choses dans ses bras et j'ai été prise dans son regard d'amour. Merci d'exister.

Un grand merci à la communauté du Carmel Saint Joseph, à Paris : votre accueil, vos sourires, votre douceur… votre verveine ne sont pas étrangers à l'écriture de ce livre. Je pense à vous.

Je voudrais remercier Cathy Collot, Agnès Delaunay, Macha Polivka et Hélène Hanssen : des soignantes comme il en existe peu. Chacune à votre façon vous m'avez enseigné tant de choses sur les chakras et leurs implications dans votre vie. C'est si beau de voir des personnes qui vivent sincèrement ce dont elles parlent.

Je me dois de mentionner aussi Regina Martino, de la boutique La Roche Mère à Paris, une femme-médecine, une sage. Merci pour votre lumière et pour ce que vous transmettez. Avec votre équipe, je crois que vous changez le monde.

Enfin, j'aimerais remercier Ahmed, mon mari. Nous avons beaucoup échangé durant l'écriture de ce livre. Ton regard sur le fonctionnement humain, physique, émotionnel et spirituel est une source de partage enrichissant, comme il en existe peu. Merci de toute mon âme, avec tout mon amour.

Bibliographie

Bays Brandon *Le Voyage de guérison – Comment guérir de vos maladies physiques et émotionnelles*, traduit de l'anglais par Éric Villeroc, Guy Trédaniel Éditeur, 2007.

Beard Mary, *Les Femmes et le Pouvoir*, Éditions Perrin, 2018.

Ben Shahar Tahal, *Apprendre à être heureux*, traduit de l'américain par Hélène Collon, Belfond, 2010.

Bich Doan Thi, *La Cohérence cœur corps esprit – 33 clefs pratiques pour une réconciliation globale de l'être*, Leduc.s éditions, 2018.

Bourbeau Lise, *Les 5 blessures qui empêchent d'être soi-même*, Éditions E.T.C., 1996.

Brach Tara, *L'Acceptation radicale de soi*, traduit de l'anglais par Daniel Roche, Pocket, 2018.

Cameron Julia, *Libérez votre créativité*, traduit de l'anglais par Chantal Duchêne-Gonzales, Dangles éditions, 1999.

Chabrillac Odile, *Âme de sorcière ou la Magie du féminin*, Solar, 2017.

Chödrön Pema, *Vivre heureux quand tout change et tout est incertain*, traduit de l'américain par Philippe Beaudoin, Synchronique éditions, 2015.

Chödrön Pema, *Conseils d'une amie pour des temps difficiles*, traduit de l'américain par Claude Riso-Lévi, Pocket, 2003.

Chollet Mona, *Sorcières – La puissance invaincue des femmes*, Éditions La Découverte, 2018.

Chopra Deepak, *Le Miracle oublié*, traduit de l'anglais par Christian Faivre-Delord, InterÉditions, 2014.

Chozen-Bays Jan, *52 Façons de pratiquer la pleine conscience*, traduit de l'anglais par Paule Noyart, Éditions Le Jour, 2013.

Dayle Cyndi, *La Bible de la guérison par les chakras : activez le pouvoir transformateur de vos centres d'énergie*, traduit de l'anglais par Josée Guévin, Éditions Médicis, 2016.

Dayle Cyndi, *Le Corps subtil – La grande encyclopédie de l'anatomie énergétique*, traduit de l'anglais par Cynthia Syoen, Macro éditions, 2017.

Don Meghan, *Le Nouveau Féminin sacré – Une voie spirituelle pour l'âme féminine*, traduit de l'anglais par Hervé Solarczyk, Éditions Danaé, 2017.

Dr Liénard Yasmine, *Pour une sagesse moderne – Les psychothérapies de 3e génération*, Odile Jacob, 2011.

Eagle Brooke Medicine (illustrations Prudence See), *Marcher sur le chemin sacré de la femme Bison Blanc*, traduit de l'anglais par Anne Delmas, Véga, 2016.

Eden Donna (avec David Feinstein), *Médecine énergétique au service de la femme – Comment aligner les énergies de votre corps pour accroître votre santé et votre vitalité*, traduit de l'anglais par Michel Saint Germain, Éditions Ariane, 2009.

Emoto Masaru et Fliege Jürgen, *Le Miracle de l'eau*, traduit de l'anglais par Gérard Leconte, Guy Trédaniel éditeur, 2008.

Ferrete Lopes Sylvie, *Des pensées pour vivre en conscience*, Éditions du Panthéon, 2015.

Flèche Christian, *Mon corps pour me guérir – Décodage psychobiologique des maladies,* Le Souffle d'Or, 2000.

Hébert Mona, *La Médecine des femmes – Une vision de la santé au féminin,* Le Souffle d'Or, 2011.

Igerman Sandra, *Protégez-vous des pensées toxiques ! – L'alchimie des énergies négatives*, traduit de l'anglais par Olivier Clerc, Guy Trédaniel Éditeur, 2008.

Javary Cyrille J.-D., *Les Trois Sagesses chinoises – Taoïsme, confucianisme, bouddhisme*, Albin Michel, 2012.

Jollien Alexandre, *Petit Traité de l'abandon – Pensées pour accueillir la vie telle qu'elle se propose*, Seuil, 2012.

Jung C.G., *Psychologie du yoga de la Kundalinî*, traduit de l'anglais par Zéno Bianu, Albin Michel, 2005.

Katie Byron, *Aimer sans limites – Que seriez-vous sans vos histoires ?*, traduit de l'anglais par Philippe Beaudouin, Éditions Synchronique, 2017.

Kornfield Jack, *Une lueur dans l'obscurité – Comment traverser les temps difficiles grâce à la méditation*, traduit de l'anglais par Dominique Thomas, Belfond, 2013.

Krishnamurti Jiddu, *Renaître chaque jour – S'accorder au diapason de la vie*, traduit de l'anglais, Presses du Châtelet, 2015.

Kumar Satish (avec une préface de Frédéric Lenoir), *Tu es donc je suis*, traduit de l'anglais par Karine Reignier-Guerre, Belfond, 2010.

Labonté Marie Lise, *Maître de ses chakras, maître de sa vie*, Dauphin blanc, 2005.

Lewicki Christine, *Wake Up ! 4 principes fondamentaux pour arrêter de vivre sa vie à moitié endormi*, Éditions Eyrolles, 2014.

Lister Lisa, *Love Your Lady Landscape*, Hay House UK, 2016.

Lister Lisa, *Witch : Unleashed. Untamed. Unapologetic*, Hay House UK, 2017.

Loiseleur Véronique (avec une préface d'Arnaud Desjardins), *Anthologie de la non-dualité*, La Table ronde, 1997.

Martino Regina, *La Voie des pierres et des cristaux – Lithothérapie bioénergétique*, Ambre éditions, 2018.

Mercier Patricia (avec la collaboration d'Anne Clarisson), *Le Petit Guide des chakras*, Éditions Contre-Dires, 2018.

Miller Alice, *Notre corps ne ment jamais*, traduit de l'anglais par Léa Marcou, Flammarion, 2004.

Montineri Nicole, *Déraciner la souffrance : Traverser la vie avec légèreté et liberté*, Éditions Accarias, 2010.

Pelt Jean-Marie (avec la collaboration de Franck Steffan), *Nature et Spiritualité*, Fayard, 2008.

Pinkola Estès Clarissa, *Femmes qui courent avec les loups – Histoires et mythes de l'archétype de la femme sauvage*, traduit de l'américain par Marie-France Girod, Grasset, 2000.

Ray Reginald A., *The Awakening Body : Somatic Meditation for Discovering Our Deepest Life*, Shambhala Publications, 2016.

Ruiz Miguel, *Les 4 Accords toltèques*, traduit de l'anglais par Olivier Clerc, Éditions Jouvence, 1999.

Saradananda Swami, *Le Guide essentiel des chakras*, traduit de l'anglais par Antonia Leibovici, Guy Trédaniel éditeur, 2012.

Sayce Anna, *The Empath's Toolkit – A Guide to Recovery for the Overwhelmed Empath*, CreateSpace Independent Publishing Platform, 2018.

Servan-Schreiber David, *Guérir le stress, l'anxiété et la dépression sans médicaments ni psychanalyse*, Pocket Évolution, 2005.

Sfez Camille, *La Puissance du féminin*, Leduc.s éditions, 2018.

Sharamon Shalila et Baginski Bodo J., *Manuel des chakras, de la théorie à la pratique*, traduit de l'allemand par Peter Schmidt, Éditions Médicis, 2009.

Shinoda Bolen Jean, *Le Millionième Cercle : la pratique des cercles de compassion*, traduit de l'anglais par Éric Villeroc, Éditions Jouvence, 2016.

Suzuki Shunryu, *Libre de soi, libre de tout*, traduit de l'anglais par Daniel Roche, Seuil, 2011.

Taigu Turlur Pierre, *Apprivoiser l'éveil – À travers les dix images du buffle*, Albin Michel, 2018.

Tannier Kankyo, *Ma cure de silence – Et si on essayait le calme ?*, First éditions, 2017.

Tardan-Masquelier Ysé, *L'Esprit du yoga*, Albin Michel, 2005.

Teyssedre Mary Laure, *Alignement, Centrage, Ancrage, Enracinement*, Éditions Jouvence, 2017.

Thalmann Yves-Alexandre, *Le Décodeur des émotions – Développez votre intelligence émotionnelle*, First éditions, 2013.

Tolle Eyckart, *Le Pouvoir du moment présent – Guide d'éveil spirituel*, traduit de l'américain par Annie J. Ollivier, Éditions Ariane, 1999.

Trungpa Chögyam, *Enseignements secrets – L'incandescence du réel*, traduit de l'anglais par Vincent Bardet, Éditions du Relié, 2003.

Upanishad du Yoga, traduites du sanskrit, présentées et annotées par Jean Varenne, Gallimard, coll. « Connaissance de l'Orient », 1990.

Varela Francisco, Thompson Evan, Rosch Eleanor, *L'inscription corporelle de l'esprit – Sciences cognitives et expérience humaine*, traduit de l'anglais par Véronique Havelange, Seuil, 2017.

Willoya William et Brown Vinson, *Warriors of the Rainbow – Strange and Prophetic Dreams of the Indian Peoples*, Naturegraph Publishers, 1962.

Table des matières

SOMMAIRE 5

INTRODUCTION 7

PARTIE 1: LE FONCTIONNEMENT DES CHAKRAS ET LEUR APPORT AU QUOTIDIEN 15

Chapitre 1 – Les chakras, c'est quoi ? 17

Sept chakras tels des fleurs de lotus 20

Chakras féminins et chakras masculins 24

À chaque chakra sa couleur 26

L'énergie vitale au cœur des chakras 28

La circulation de l'énergie grâce aux nadis 30

Deux canaux énergétiques secondaires et essentiels 33

Chapitre 2 – Pourquoi des dysfonctionnements ? 37

Un équilibre vite fragilisé 38

Les incidences de nos pensées 40

Notre part d'ombre 42
La dualité du monde, une fausse croyance 44

PARTIE 2 : COMMENT RÉÉQUILIBRER LES SEPT CHAKRAS PRINCIPAUX 47

Ma boîte à outils de renforcement des chakras 51
Les huiles essentielles 54
Les élixirs de fleurs du Dr Bach 56
La lithothérapie 57
Le yoga 58
Le reiki 63
Les sons 65
La musique binaurale 67
La visualisation 68
Les mantras 72
Les affirmations 72
La méditation 73
Le tonglen 78

1. Le chakra racine {Je suis} 83

2. Le chakra sacré {Je sens} 99

3. Le chakra solaire {Je veux} 111

4. Le chakra du cœur {J'aime} 125

5. Le chakra de la gorge {Je communique} 137

6. Le chakra du front {Je vois} **151**

7. Le chakra couronne {Je sais} **167**

PARTIE 3 : DEVENIR FEMME ARC-EN-CIEL **179**

Notre imperfection est une force 181

Ne plus mentir et se mentir 185

« Que ta parole soit impeccable » 188

S'accepter totalement 191

Poser un nouveau regard sur la vie 193

« Tu es donc je suis » 196

Apprendre à aimer inconditionnellement 199

Le pouvoir de la compassion 206

Chercher l'harmonie en soi et avec le monde 211

Découvrir le véritable lâcher-prise 212

Faire partie d'un grand « tout » 216

Tout est parfait 218

CONCLUSION **221**

REMERCIEMENTS **225**

BIBLIOGRAPHIE **229**

Achevé d'imprimer en mai 2019
sur les presses de la Nouvelle Imprimerie Laballery
58500 Clamecy
Dépôt légal : mai 2019
N° d'impression : 903074